たびびとネイリスト

山本杏里

生きかたさぐり

出張ネイリスト、47都道府県で色んな人生を聴く

二見書房

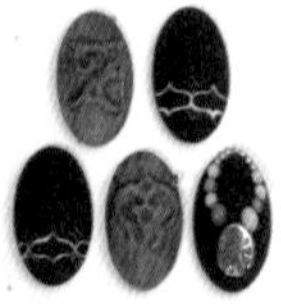

北海道
アイヌコタンネイル

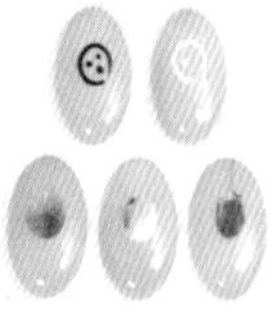

福井県
玉村屋ネイル

石川県
花と雪吊りアートネイル

富山県
ガラスネイル

新潟県
日本酒ネイル

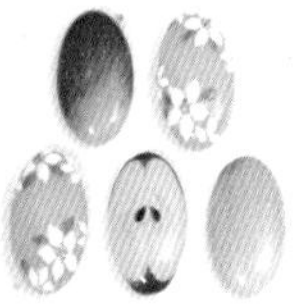

青森県
りんごネイル

岩手県
遠野物語ネイル

秋田県
秋田犬ネイル

山形県
天童温泉ネイル

宮城県
こけしネイル

愛知県
明治村ネイル

岐阜県
白川郷ネイル

山梨県
桔梗信玄餅ネイル

愛媛県
村上海賊ネイル

高知県
坂本龍馬ネイル

徳島県
うずしおネイル

香川県
オリーブネイル

茨城県
宇宙ネイル

長野県
森の動物ネイル

群馬県
だるまネイル

栃木県
三猿ネイル

福島県
スローガンネイル

滋賀県
信楽焼ネイル

三重県
日本神話ネイル

埼玉県
さくらタウンネイル

神奈川県
みなとみらいネイル

静岡県
抹茶ネイル

山口県
錦帯橋ネイル

広島県
厳島神社ネイル

島根県
石見銀山ネイル

鳥取県
鳥取砂丘ネイル

岡山県
デニムネイル

長崎県
軍艦島ネイル

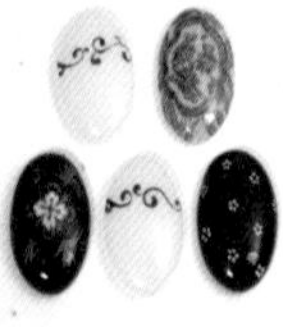

佐賀県
有田焼ネイル

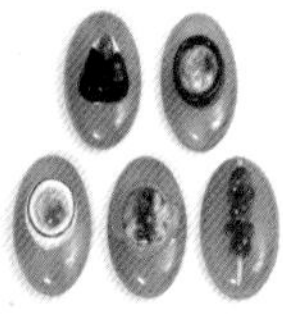

福岡県
博多グルメネイル

大分県
地獄めぐりネイル

熊本県
阿蘇ネイル

宮崎県
高千穂ネイル

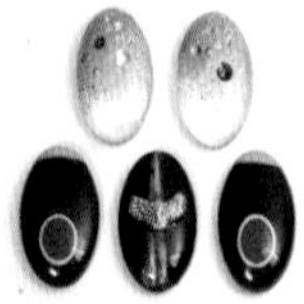

鹿児島県
特攻隊ネイル

兵庫県
姫路城ネイル

京都府
おふきネイル

大阪府
道頓堀ネイル

奈良県
正倉院文様ネイル

和歌山県
熊野古道ネイル

沖縄県
サンゴネイル

千葉県
成田空港ネイル

27歳。東京。

この場所にいると、ものすごい人と情報の往来に目が回る。道行く人たちも、服装で個性を表現している人から流行にのっとって周りとなじんでいる人、いっさい外見に頓着のない人まで、多種多様だ。

私のネイルサロンは、原宿の喧騒と往来を少しはなれて見ながら歩いて来られるぐらいのところにある。

お客様で一番多い年代は20～30代。一人につき2～3時間ずつ、細かいネイルアートを施しながらこの1ヵ月の出来事をお客様とお話する毎日だ。よくある話題は、マッチングアプリの進捗、リアルな婚活や妊活事情、実はやっている副業や転職活動、それらを包括した人生の方向性……。毎月数十人の人生エピソードを聴いていると、原宿を歩く色とりどりの人たちと同じぐらいのバリエーションがある。

たまに来られる60~70代のご年配のお客様には、ほぼ決まってこう言われる。

「20代なんて良いわねえ。なんでもできるわね」

これを聴くたびに、私は思うことがある。

いまは、なんでもできすぎるのだ。だから、迷う。

キャリアの面では、いまの仕事に生き甲斐を見出す人もいれば、思い切って転職に踏み切る人もいる。いまの職場でもう少しやれることをやろうと改めて決意を固めることもあれば、まったくの異業種に足を踏み入れて大きなキャリアチェンジを果たすこともある。

プライベートでは、30代で新たな出逢いを自由に謳歌している人もいれば、20代で着実に家庭を持つビジョンを描く人もいて、3ヶ月でスピード入籍することもあれば、3年付き合った彼と30歳手前で終止符を打つこともある。

ネイルをしながら色んな人生を聴くうちに、20代も後半になっていた。なんだか年齢を重ねるごとに1年が早くなっている。それでもいまや人生は100年時代と言われ、寿命は延びて今後の生き方、働き方を考えなければいけないのがいまの私たちだ。

思えば私はいままでの人生で、大きな決断をたいしてしてきておらず、なんとなくで物事を選んでいた。みんなとちがうことが怖くて、誰かの言う通りに、わりと〝いい子〟に過ごす子供だった。

親が買ってくれた洋服を着て、部活や習い事も「こういうのが良いんじゃない？」と人から言われて決めて、ほどよい進学校へ進み、友達みんなと同じ環境に疑問を持たずに大学受験をし、ＡＢＣＤとマークシートを塗りつぶし、正解不正解がすぐにわかる問題をひたすら解いて、大学は自由を謳歌し気の赴くままに遊んだ。

就職活動をするときに初めて、「私ってなにがしたいんだろう」と立ち止まり、紆余曲折あってネイリストの仕事に就いたが、それから数年経ったいま、30代手前で同じような状況に陥っている。

20代　焦り　不安

で、検索してみた。答えらしきものはいったん、インターネットで探すくせがついていた。……どうやら、〝クオーターライフクライシス〟というものがあるらしい。クオーターライフクライシス（Quarter Life Crisis）は、人生を１００年と考えたとき、その１／４に差しかかる20代後半から30代半ばに人生や自身の在り方、生き方について悩む現象のことだそうだ。アメリカやイギリスの論文で発表されているぐらいこの気持ちは世界共通にあるんだな、と少しホッとしたような、日本人特有の〝みんなと一緒〟の安堵を感じてしまう。

　でも、そうした年齢ならではの不安感なのであれば、いまこそ自分の人生と向き合うことで今後の人生のヒントを得られるのではないだろうか？　一見何不自由なく、なんでも選択しようと思えばできる時代で、この不安を払拭するために、いまの私にできることはないだろうか？　またも答えやアイデアを外部に探し求めている私をなだめるかのように、スマホの画面に表示されたある言葉が目に飛び込んできた。

「創造力は人生の総移動距離に比例する」

……そういえば、このネイルの仕事も人生で一番遠いところへ行ったときに見つけたんだっけ、と振り返る。過去の成功体験、失敗事例、得意不得意を洗い出して、漠然と不安になる代わりに、いま自分ができることを、日々時間が移ろいゆくなかで考えてみた。

なにかやりたい、なにができるだろう……。

「47都道府県をすべてまわってネイルをする」

いやいやいやいや。壮大（笑）

でも、いまならできるかもしれない。いや、いまだからこそできるかも。

普段出逢うことのない人と色んな土地で出逢い、ネイルを通して相手の人生を聴くことが、ネイリストの私にできることだ。人生のバリエーションを、この際全国すみずみまで聴いてまわることで、今後の生き方のヒントを見つけられるかもしれない。「若いわねえ。なんでもできるわね」と言われているいまのうちに、なんでもやっておこう。

これは、そんなネイリストが人生１００年時代に迷える若者を代表し、日本全国を出張ネイルしながら多種多様な人生観を聴いてまわって生き方を模索した記録。

47都道府県で訪れた場所

（○内は訪問順）

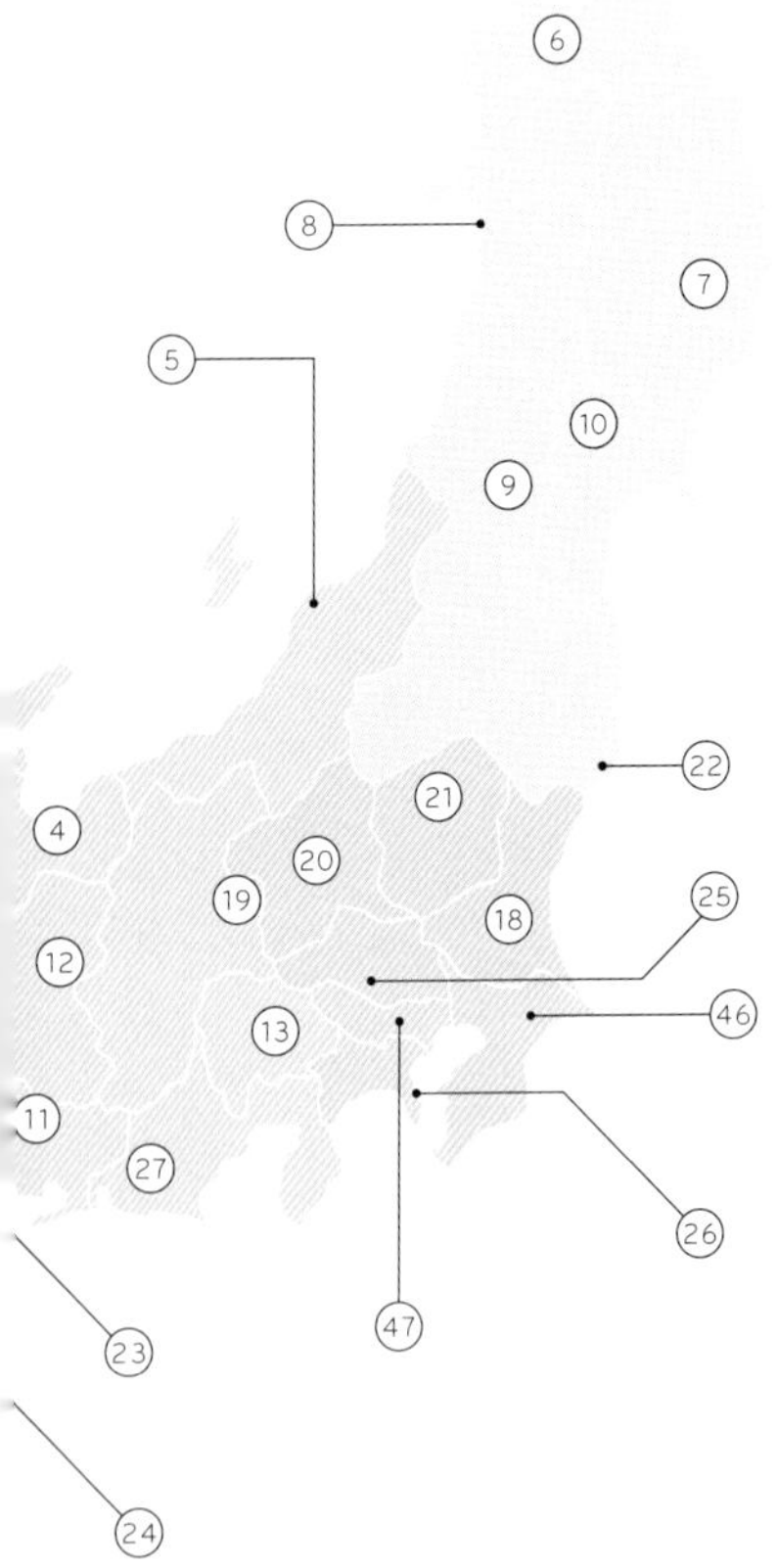

①北海道——阿寒湖アイヌコタン
②福井県——地域まるっと体感宿 玉村屋
③石川県——アトリエHIMITO（光水土）
④富山県——富山市ガラス美術館
⑤新潟県——今代司酒造株式会社
⑥青森県——大湯ファーム
⑦岩手県——伝承園
⑧秋田県——一般社団法人ONE FOR AKITA
⑨山形県——株式会社DMC天童温泉
⑩宮城県——桜井こけし
⑪愛知県——博物館 明治村
⑫岐阜県——飛騨の里
⑬山梨県——株式会社桔梗屋
⑭愛媛県——村上海賊ミュージアム
⑮高知県——高知県立坂本龍馬記念館
⑯徳島県——鳴門市うずしお観光協会
⑰香川県——道の駅小豆島オリーブ公園
⑱茨城県——JAXA 筑波宇宙センター
⑲長野県——ピッキオ
⑳群馬県——だるまのふるさと大門屋
㉑栃木県——日光殿堂案内協同組合
㉒福島県——NPO法人 中之作プロジェクト
㉓滋賀県——信楽陶苑たぬき村
㉔三重県——おかげ座 神話の館
㉕埼玉県——ところざわサクラタウン

㉖神奈川県 —— 株式会社ロイヤルウイング
㉗静岡県 —— 株式会社hirondelle
㉘山口県 —— 一般社団法人岩国市観光協会
㉙広島県 —— 一般社団法人宮島観光協会
㉚島根県 —— 石見銀山 世界遺産センター
㉛鳥取県 —— 鳥取砂丘 砂の美術館
㉜岡山県 —— 株式会社WHOVAL
㉝長崎県 —— 株式会社軍艦島コンシェルジュ
㉞佐賀県 —— 坂本窯陶工房
㉟福岡県 —— 株式会社ふくや
㊱大分県 —— 亀の井バス株式会社
㊲熊本県 —— 竜野園藝
㊳宮崎県 —— 株式会社高千穂まちづくり公社
㊴鹿児島県 —— ホタル館 富屋食堂
㊵兵庫県 —— 株式会社播磨リビング新聞社
㊶京都府 —— SOO－ソマルー
㊷大阪府 —— Pivot BASE
㊸奈良県 —— 一般社団法人ならにみつ
㊹和歌山県 —— 大門坂茶屋
㊺沖縄県 —— 恩納村役場
㊻千葉県 —— 成田国際空港株式会社
㊼東京都 —— Our Jam

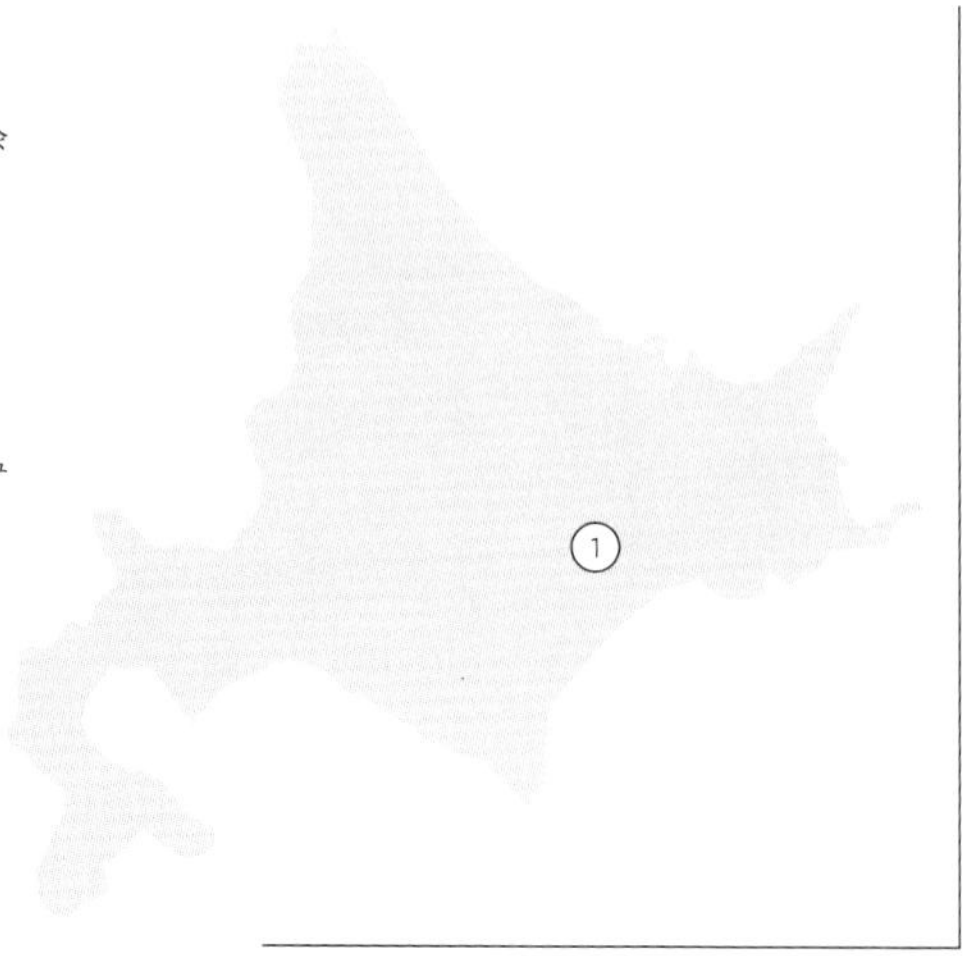

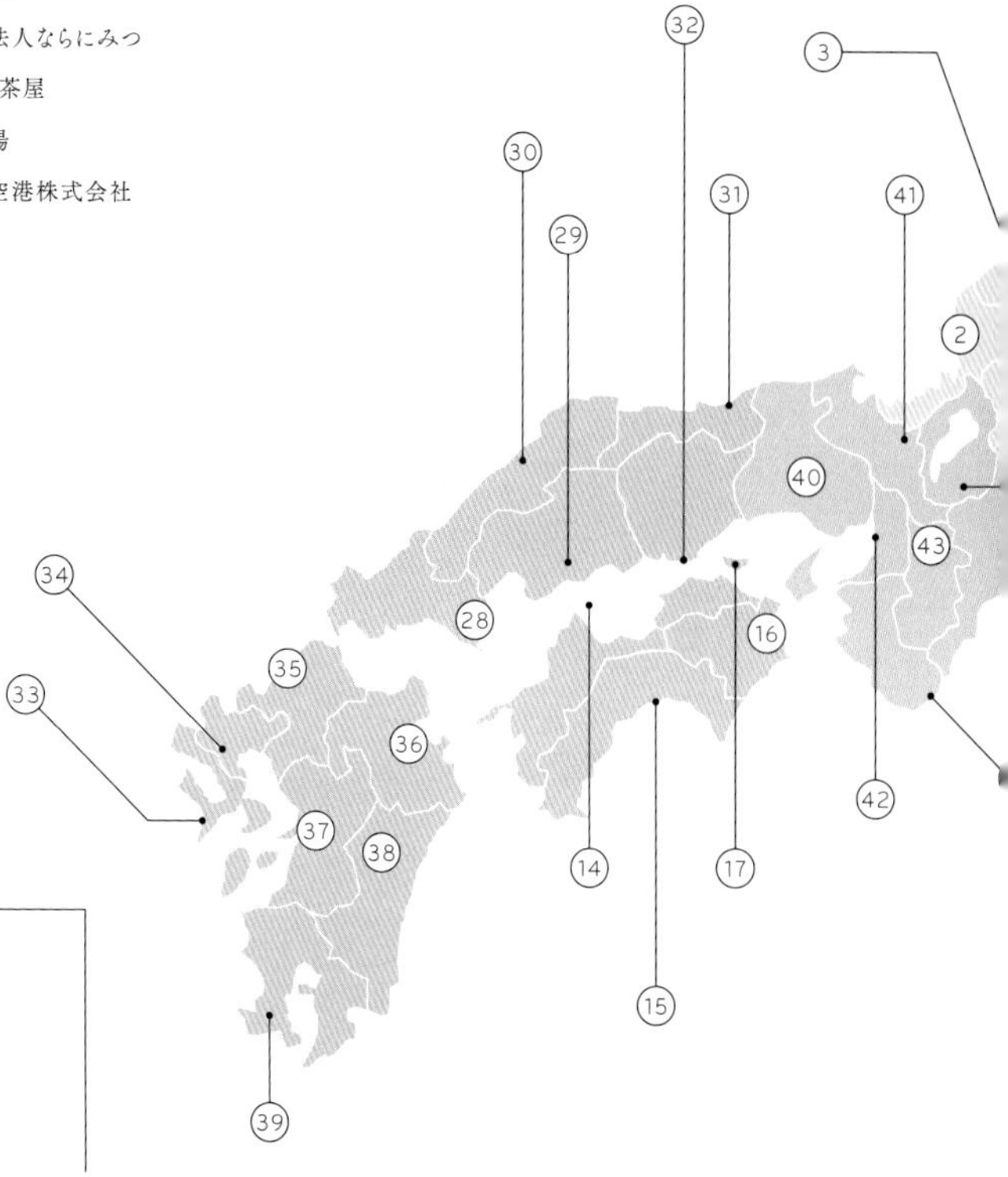

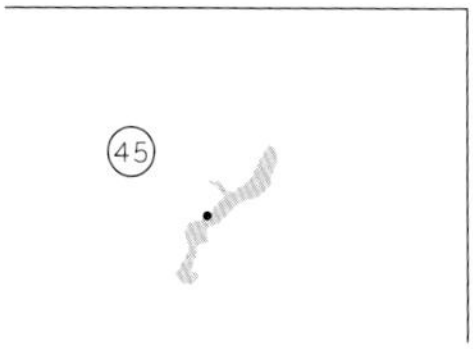

Contents

・本書は２０２２年に日本全国をまわり、各地の人にインタビューをしながらネイルを施す「47都道府県出張ネイルプロジェクト」を書籍として編集したものです。

・本書に掲載の情報は、２０２３年12月時点のものです。各施設などの情報は、事前にご確認のうえお出かけください。

仕事か
趣味か
迷っている人へ

趣味だったらこんなところまでやってないわよ。

北海道編

たんちょう釧路《くしろ》空港からバスで1時間。

1月の雪の時期に向かった北海道のアイヌコタンは、顔を合わせればみんな名前で呼び合うような、とても温かい集落だった。長らく東京を拠点にしていた私にとって、なかなか経験していなかった人との距離感。ちなみに、アイヌコタンとはアイヌの人々が暮らす集落のことだ。

カラフルな木彫りの建物に独特な文様、集落の入り口でお出迎えしてくれる大きなフクロウ。現地の方にご馳走してもらったランチは、その土地ならではの山菜と鮭の汁物、そして味わったことのない風味のシケレベ茶だった（シケレベ＝アイヌ語で「キハダの実」。山椒のような木の実で、薬用植物でもある。ジャスミン茶が好きな私はわりと飲めた）。

お話を聞いた人

阿寒湖アイヌコタン
雑貨店オーナーお慶さん

伝統的なアイヌ文様をデザインし、ユックレップというお店を運営しながら雑貨やお土産を制作、販売しています（取材当時）

47都道府県出張ネイルは、この北海道・阿寒湖《あかんこ》アイヌコタンからスタートする。

その土地ならではのデザインやアートをネイルに表現したいと、各地の旅行雑誌を眺めていたところ、アイヌ文様の独特な雰囲気に目を奪われた。

初回から異世界へ来たような感覚で、ザクザクと雪の坂道を登りながら、現地を案内してくれるレイコさんについていった。アイヌコタンには、観光客向けのレストランやお土産屋さん、この場所ならではの雑貨店などが道の両脇にズラリと並んでいる。そのなかの店「ユックレップ」のお慶さんが言う。

「カニ族って知らない?」

……北海道にカニ食べに来る人のことだろうか。

「違う違う！　カニみたいにリュック背負って来る人のことだよ」

高度経済成長の1960~70年代に旅行ブームが到来し、北海道の認知も急激に広がった。当時の若いバックパッカーが背負っていたリュックは横長で、列車の通路や出入口などは横歩きしないと通れなかったことから、

阿寒アイヌコタンの「ウタサ祭り」にも参加。ネイルとアイヌ文化をウタサ(交差)できた

このような名前で呼ばれていたという。そのころは全国からアルバイトで北海道に来る若者が多く、広島出身のお慶さんもそのうちの一人。当時の勤務先で、アイヌの旦那さんと結婚してから約50年、この場所でアイヌ文様の雑貨を作り続けている。

「暖かいときに来たから、季節が良かったかもしれないね。寒い時期に来たら選ばなかったかもしれん(笑)。でも緑は綺麗で空気は美味しいっていうのが一番良いわね。仕事の転勤でここに来た親御さんは、子供を阿寒の幼稚園に行かせたいって言ってるよ。やっぱり自然がいっぱいだから」

　たくさんの森林に囲まれている阿寒湖アイヌコタンは、全国でもっとも酸素濃度が高く、「日本一空気がきれいな場所」といわれているそうだ。こうなると暖かいシーズンにも訪れたくなってくる。

仕事と趣味の意識の違い

「お客さんはなにを見て選ぶのかな?　って見てると、まず色なんだよね。色、その次、デザイン。その次、仕事の振る舞いなんだよね。デザインもできないといけないし、それに色も考えないといけない。仕事だから本気

で向き合ってできてる感はあるわよね。だから私、昔カチンと来たことがあるよ。良いですね～素敵な趣味があってって言われて。趣味だったらこんなとこまでやってないわよ。商売に結びついた途端に苦しいこともあるし」

そう語るお慶さんの何十種類ものアイヌ文様を参考にネイルしながら、その言葉がすごく身に染みた。かつての私はネイルを趣味程度にとどめていたときもあったのだが、趣味と仕事ではやっぱりエネルギーの使い方や本気度は違うものだ。趣味だったらそれなりに楽しくはやっていたであろうが、まさかアイヌコタンまでネイルしに来てはいないだろう。

「でも、文様が想像よりうまくできたときは嬉しくなるし、お客さんが気に入って買ってくれたときも嬉しい。そういうときがあるから、またやるか～ってなるのよね。仕事ってそういうことよね」

シンプルを極めるということ

そんなお慶さんがアイヌ文様を作るときは、なにを考えているのだろう。

「カッコイイ模様がいいなって思って作ってるよ。じゃあそのカッコイ

イってどんなものかなって考えたときに、シンプルなデザインということかなと思うんだけど、そのシンプルが難しいのよね」

　デザインはまとまった時間をとって考えるものなのだろうか。

「あらためて時間をとって描こうと思うときもあるけど、めったにない。開いた時間に、チラシの裏なんかに描いてるかな。自分ひとりでやっていると、同じような模様になっていくのよね」

　趣味だったらどんなに楽かと思う日もあれば、仕事だからこそ楽しいと思う日もある。そして、シンプルと個性の共存。

　どんなジャンルでも、クリエイターの苦悩や課題を大きなテーマにしてみると、意外と同じような壁に向きあっているのかもしれない。ネイルも、じつはワンカラーが一番難しいよねといわれることも多い。少しでもケアが甘かったり、筆圧にムラがあると仕上がりがガタガタになるのだ。ただ塗ればいいやと思っていた趣味時代の私は、仕事にしてからワンカラーこそ極めないといけないものだと痛感していた。

　記念すべき47都道府県ご当地ネイルの1作目は、仕事にしたからこそ到達できたお慶さんのデザインと、私のネイルの共同作品となった。

アイヌの代表的な濃紺の色合いに、白と赤のライン。集落で印象的だった木彫りのデザインを

ネイルが終わってから、お慶さんの店、ユックレップの中を見せてもらった。ズラリと並ぶアイヌ文様のアクセサリー、バッグ、服……。伝統的な刺繍と木彫りでさまざまな場所で使われているアイヌ文様は、くるくるとトゲトゲの組み合わせで作られている。その特徴的なデザインは諸説あるが、魔物をこの文様に閉じ込めて抜け出せなくするための魔除けの意味合いがあるといわれている。

お慶さんの文様は、ひとつひとつがアイコンのようで、マスクをはじめ小物のワンポイントとしても使われており、「シンプルでかっこいい」デザインを目指した想いが、そのまま体現されているものばかりだった。

WORK

取り組んでいるもので趣味として続けること、仕事に切り替えることのメリット・デメリットを考えよう

お慶さんのお店「ユックレップ」で売られているアイヌ文様のアクセサリーや雑貨（お慶さんは２０２３年11月に永眠され、お店は現在閉店中）

なにが
やりたいのか
わからない人へ

視野を広げないと、好みや魅力はわからない

福井編

お話を聞いた人

玉村屋創業者中谷さん
布モノ作家のとみさん

地域おこし協力隊の活動を経て、地元ならではの交流や体験にフォーカスした玉村屋を地元の方々と運営しています

北海道のアイヌコタンをあとにして、次なる場所は人生初めての北陸へ。新幹線と電車に揺られ移りゆく雪景色を眺め、目的地のサイトを検索した。

「暮らすように旅するあなたに、ローカルだけど最先端な場所。そんな『第二の実家・玉村屋《たまむらや》』であなたのおかえりを待っています。」

降り立った先は、福井県南越前町《みなみえちぜんちょう》。かつて北国《ほっこく》街道の宿場町として栄えた今庄《いまじょう》、南条《なんじょう》、河野《こうの》の3つが合併してできた、歴史的にも交通の重要拠点となった場所だ。歩いているだけでタイムスリップしたような感覚になりながら、江戸時代のお殿様も歩いていたであろう小道を辿っていく。

目的地の玉村屋の扉を開いてから、1時間。スタッフののっちさん、けんけん、地域の工務店のみつぐさん、そして

地元住民であり、自称「玉村屋非公式営業統括本部長」の西川さんと5人で家族のようにお鍋を囲んでいた。玉村屋は地域の人との交流ができるご飯会を開催してくれたり、みんなでボードゲームで遊んだり、地域ならではの体験イベントを開催する、アットホームなお宿だ。

旅の醍醐味は、そこでしか出逢えない人と出逢うこと。SNSをはじめデジタルな世界に没頭していた私は、久しぶりに人との本質的な交流の楽しさを、お鍋とともに味わった。

そのままだからこそ強くなれる地域創生とは

「福井県の生きていく道って、『都会化しない』ことだと思うんですよね。どこも東京を目指しすぎて同じようになると、これだったら自分の近くにあるなって思ってしまう。福井県ってそこがあまり進んでないぶん、都会で味わえないようなものがあって。手間暇かけてつくられた味噌があったり、燻《いぶ》して作られる干し柿があったりで、効率化からは置いて行かれているけど、変に都市化するんじゃなくて、残していくのも大切なのかなって」

そう語る中谷さんは学生時代、自転車で日本一周した経験があり、さま

実家よりも実家のような玉村屋でスタッフの皆さんと鍋を囲む「ごはん会」

ざまな地域の人に優しくしてもらい、助けられたという。だからこそ、「このような温かい場所を残したい」という気持ちで地域おこし協力隊に入り、福井で玉村屋を創業したという背景を持つ。都市化するのも活性化かもしれないが、あえてそのままにするというのも活性化。

「勝手な恩返しの計画ですが、都市部の人が地方に行くことで、その地域の経済が回るんじゃないかと思っていて」

中谷さんの玉村屋をはじめとした地域活性の取り組みは、いわば「人生を賭けた恩返し」なのだ。自転車を走らせたら使命が見つかることもあるのだなと、中谷さんの人生を聴いてしみじみ思った。

お話をしながら、とみさんの爪に玉村屋の部屋の名前にもなっている柿、梅、蓮《はす》のデザインと玉村屋のマークを描いていった。今庄の干し柿は燻して作られ、河野の梅は木の上で完熟させてから、甘く黄色くなってから収穫するという日本でも珍しい生産方法だそうだ。産地の少ない蓮と合わせたこの3つは、福井ならではの推し名産だという。

キッチンの壁には、玉村屋で地元の人と一緒に体験できることが楽しげに描かれている

〝過疎化〟の言葉に宿る本質

玉村屋のマークの意味を創業者の中谷さんに教えてもらった。

「マークの丸の中に点が3つありますが、ゲスト（玉村屋を訪れる人）、スタッフ（お迎えする人）、地域住民の3つを指しているんです。でもその丸、最後までふさがっていないんですよ。入りたかったら入って良いし、どこか行きたかったらどこかに行っても良いよっていう意味です」

たくさんの地域を旅してきたとみさんも共感する。

「1回外に出てみないと、その地域の良さってわからないのもあるよね。視野を広げないと目の前のことの良さは実感できないんじゃないかなっていうのはすごく感じてる」

たしかに、ひとつの環境に居つづけたとしてもそれが好きかどうかさえわからないときもある。実際に2つ以上の環境に行ってみて、比較対象ができて初めて「新しい方が好き」と気づくかもしれないし、「やっぱり前の方が良い」と戻るかもしれない。いずれにせよ、自分が求めているものがなにかを知れたという意味では一歩前進だ。

玉村屋は築90年の町家型の古民家で、2階が宿泊部屋になっている

「『過疎化』って人口が減ることじゃなくて、住んでいる人たちの心が寂しくなることなんじゃないか、と西川さんが言ったんです。日本の人口は今後減るけれど、減ったとしてもそこに住んでいる人たちが充実した毎日を送れていれば、それは決して過疎化じゃないと思うんですよね。だったら、外からゲストの人が来てくれて地域の人と関わってくれることで、良さや楽しさを感じてもらえたら良いなって思っています」

　最後に中谷さんは、こんなお話もしてくれた。

「現在は『第二の実家』というコンセプトでやっていますが、これからは『泊まれる寺子屋』のような学べる要素も加えていきたいと思っています。来てくれたたくさんの人とふれあっていると、特産品が作られている現場で、地域の生き方や考え方を学んでくれるんです。寺子屋はもともと地域のなかで教えられていたんですよね。地域に住む人たちが持っている特技について話し、外から来た人も別の特技を教えてくれるとなったら、観光地じゃなくても生きてくことができるし、新しい知恵が生まれます」

「ここっていいとこやろ」と地元の大人が自信を持って言っていて、それを見た子供たちも将来住む場所の選択肢に自然と地元を入れているような

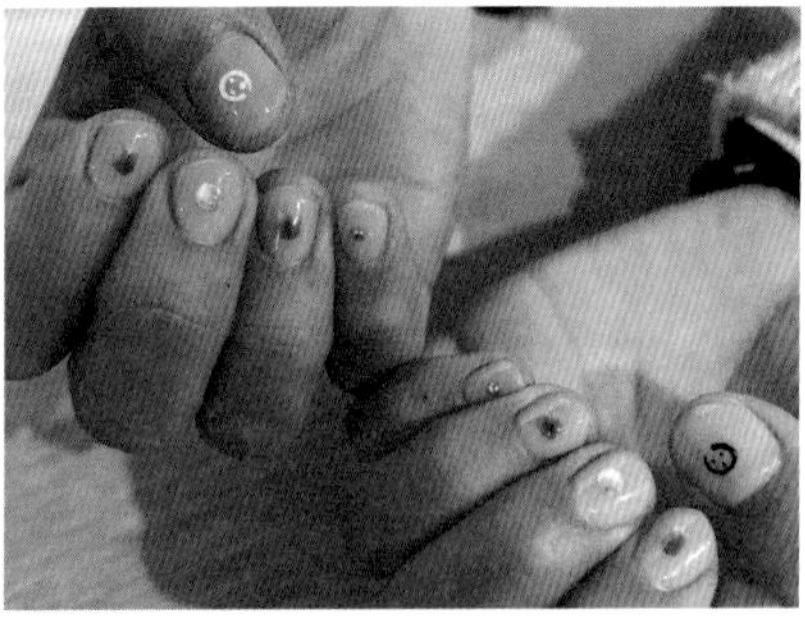

柿、梅、蓮と玉村屋のマーク。丸は完全にはつながっておらず、ゆるく出入りができることを指す

循環のイメージが、私たち3人の会話の中で描かれていた。本質的な地方創生は、「ここしかない」となんとなく住んでいるだけでなく、色んな場所へ行ってみた結果「自分はこの場所がいいんだ」とその地方の魅力に気づくところからなのだろう。

普段とは別の場所へ行かないと、自分の人生にはなにが必要でなにが楽しいのかわからない。一か所で悶々と悩んでいるよりも、色んな〝往来〟を楽しめる自分でいた方が豊かになりそうだ。

……人生のやりたいことリストって、自転車で日本一周した中谷さんのように、じつは行きたいところリストから始まるのかもしれないな。

WORK

そのままだからこそ強みになっている、
自分の長所はどこ？

選んだ道に
正解を
探してしまう人へ

人生なんて自画自賛で
行く人が一番大成功や

石川編

福井県の第二の実家「玉村屋」から、そのまま電車で金沢へ。

冬の北陸といえば、やはり海鮮。近江町《おうみちょう》市場の「山さん寿司」で、キラキラに映える海鮮丼を堪能しつつ、夕方まで金沢観光を楽しむことにした。

兼六園《けんろくえん》、21世紀美術館、ひがし茶屋街……。金沢は徒歩圏内で巡れる観光スポットが盛りだくさん。今回の目的地は犀川の川沿いの道路に面した場所にあり、雪もちらつく寒い季節だったにもかかわらず、その場所は長蛇の列をなしていた。

アトリエＨＩＭＩＴＯ（光水土）

建物の中に入ると、景色が一変。天井から吊された1万本のたんぽぽ。果物の皮を使ったランプシェード。壁や床のさまざまなところに置かれてい

お話を聞いた人

アトリエHIMITO
オーナー才田春光さん

果物の皮を使って独自のピールアートを制作。女性や母親としての生き方、考え方をアートや講演を通じて伝えています

るアンティーク調の鏡。見たことのない幻想的な空間が広がっていた。

「鏡の位置だけでもそう。壁にあったら日常。でも床だったら非日常。一人だとわからない鏡の楽しみ方もある。自分で見つけたら楽しいじゃない？　それも鏡を隠してるわけじゃなくて、誰でも見られるんだけど、それに気づくかどうかってことね。人生とおんなじなの。人に言われてやるんじゃなくて、自分で気づければ、なくさない」

春光《しゅんこう》さんは私が貝殻にデザインしている間も、手を休めることなく自分の作品作りをしていた。春光さんの人生は純度１００％の子供心、遊び心、好奇心。すごくピュアな心で世界に接しているということが、言葉の端々から伝わってきた。春光さんより若いはずの私は、この旅はどうしたら正解かとか、頭だけで悶々と考えて不安になることも多いのに。

やりたいことってどう見つけるの？

「やりたいこととできることをわけて考えるのは悪いわけじゃないねん。でも、お金で換算できないならそれ辞めるっていうのも無味乾燥やしな。バランス感覚はいるよな。でも夢なくして安全に仕事して、ワクワクしてや

天井から吊るされた1万本のたんぽぽのアート。あまりに美しい光景に息をのむ

りたいことないとつまらんと思わん？　私はまずやりたいことありきや」

　でも、「やりたいことがない」っていうのもいまの時代多い気もする。

「満たされすぎやな。困ったことないわけやん。惨めな思いもしてないし。ぬるま湯につかってるんよ。ハングリーやったらこの生活からどう脱却しようか考える。余裕があるねん。食べるものがなかったらそんなこと言えんよ。豊かな世代やな。飲み水もなくって、遠いところまで汲みにいかなきゃならない国あるやん。そんな国に行ったらどうやと思うで。いかに自分が恵まれてるかが知識としてわかるんじゃなくて、体感できる。感謝がないってことが一番不幸や。あたりまえって思っているのは良くないわ」

　開始1時間で人生の先輩からものすごいエネルギーの叱咤激励を浴びながら、今回は春光さんからの提案で、初めて貝殻をネイルチップに見立ててアート制作をした。HIMITOの天井から吊されたたんぽぽが印象的だったのでドライフラワーを連ね、兼六園の雪吊《ゆきづ》りのイメージが貝殻の放射線状の形とマッチしたので、アイデアを拝借する。

　アートを果物の皮でやっていこうって思ったきっかけはなんだろう。

「ままごとの延長線やで。いまも遊んでる感じ。果物って食べるまで、皮

自分で作ったランプシェード。天井にまで光と影の模様が広がる

が守ってくれるやろ。お母さんみたいやん。そしたら皮にありがとうとしかないと違う？　人間やったら、子供ひとり立ちしたあとのお母さんは、時間が自由になるやろ？　皮にもそういう時間与えたい。お母さんもっといまからな、色んなことしてな、って言いたいやん。そんな感じはあるね」

　お母さんを象徴したピールアートは、好奇心から誕生して、感謝と愛情で育った春光さんの大事な子どもなのだ。

　振り返ると私たちは、きっとお世話になっているのにすぐ捨てているもの、無駄にしているもの、当たり前と思っているものってほかにもたくさんある気がする。こういうアイデアは、いったい、いつどんな風に思いつくんだろうか。

「私、24時間体制で好きなことやってる。どうしたらいいやろ～？　って、つねに呼びかけをしている。すると、ふとした隙間みたいなのにパッと答えがくる。自分の考えではないねん。どっかから、やってくるのよ。それをいつもキャッチできる自分でいなきゃダメ。ピールアートも対象物からメッセージを聞くの。『どうしてほしいの～？　あなたのいいところどんなとこあるの？』って。みかんを触りながらなでながら、コミュニケーション

オレンジ、柿、グレープフルーツのピールランタン

よね。コンタクトは指からやるの。指ってさ、高感度センサー付きだよ」

貝殻のネイルが完成したあとは、ピールアートも教えてもらった。オレンジを使って中身を取り出し、皮の部分に穴を好きなだけ空けてスマートフォンの光を皮の下から当ててみる。部屋を暗くして壁一面に光を映し出す自然素材100％のランプシェードは、想像の何百倍も幻想的だ。

人の評価や世間体だけで自分のことを決めていない？

「今後春光さんがやっていきたいことは？」

この質問は、なんだか春光さんにするものではないかも……と思いながら、あえて聴いてみた。

「いまの続きやな。ああしてこうしてって考えるのはあんまりなあ、ないねん。振り返ってみたら、こうなったんかってわかる感じで。遊びたいねん。面白がりたいねん。自作自演で勝手に喜んでんだから、ええやろ」

たしかにそうだ。私も、変に考えるのをやめよう。47都道府県も、本当に自分が行きたいところに行こう。

「それでええねん。色んな人に会って、私も今日色々言ったけど、47人以

貝殻に施したのは、雪吊（ゆきづ）りと蝶のイメージ（上）とドライフラワーで表現したたんぽぽ（下）

上の人に会うとしたら、めっちゃすごい収穫や思わん？『そういうことやれる自分って最高！』って自分を褒めればええねん。私な、人生なんて自画自賛で自分の思い込みで行く人が１番大成功や思てんねん。人の評価なんてどうでもええの。私もそうやってやってたら、結果色んな人がＨＩＭＩＴＯに来てくれて、ＳＮＳとか、時代が追い風になってくれたんやな。おかげで、あなたにも会えました。良い機会をありがとうございました」

雪が降り積もるなか、春光さんとお別れをして、数々の言葉と余韻が溢れて何の涙かはわからないけど、一人ホテルの部屋で泣いた。この夜の雪のなかも、きっと彼女は雪と遊んで、寄り道して、自分の足跡を楽しみながら振り返って、帰っているのだろう。

WORK

自画自賛できるぐらいの理想の1日、1週間、1か月、1年を思い描いてみよう

好きを仕事にするのを諦めている人へ

その仕事、動詞を変えてみたら？

富山編

石川県での出逢いを経て心がキラキラに生まれ変わったまま、高速バスで富山県へ移動する。次は、今回の旅で最初にプロジェクトを快諾してくれ、不安に思っていた自分に大きな一歩を踏み出させてくれた場所だ。

富山市が街づくり「ガラスの街とやま」の取り組みを始めて30年ほどということだが、そのガラスは富山が「越中《えっちゅう》富山の薬売り」と江戸時代から300年以上謳われている歴史が背景にあるらしい（諸説あるようだが）。かつて江戸の大名が腹痛で苦しんでいたところを、富山藩が江戸城に参勤した折にお手製の薬を飲ませて回復させた「江戸城腹痛事件」をきっかけに、「薬といえば富山だ！」というイメージが広がっていった説もあるようだ。

その薬の入れ物として、明治・大正期にはガラスの製造が盛んに行われて

お話を聞いた人

富山市ガラス美術館学芸員
浅田さん

学芸員として企画展のディレクションを行ったり現代アーティストへのインタビューをしたりしています

いたことなどから、富山では薬とともに生産され広く使われたガラスを推しているという。ちなみに〝薬〟といえば西洋医学のカプセルや錠剤を彷彿とさせるが、当時でいう薬とは東洋医学の漢方薬だ。漢方は薬草や鹿の角などで作られるが、黒部《くろべ》、そして立山《たてやま》連峰が連なる富山は、鹿も薬草も育ちやすい漢方素材の宝庫だったのだ。

ガラス美術館の館内にはコップぐらいのサイズから一部屋分の空間に及ぶ作品まで、大小さまざまなガラスアートが展示されていた。アート作品と自分との距離館が、平面と立体では全然ちがう。「吸い込まれるような絵」という表現はよく使われるけど、ガラスで創られた作品たちはその「吸い込まれる」感覚がより鮮明に感じられるような気がした。

アートに価値を置く人生、価値を見いだす時代

ガラス美術館学芸員の浅田さんは美術館の意味について、こう話す。

「美術館って、生活必需品ではないじゃないですか。でも、ちょっと心が荒んだときにこそ豊かになれる場所というか。江戸時代に、浮世絵が陶磁器を運ぶときの緩衝材として使われていたことも実はあったんです。重要

TOYAMAキラリは、立山の氷の岩脈と富山のガラスアートをほうふつとさせる外観

視されなくなったときに、海外に渡った作品があるんですね。そしたら海外の人が『何これ!?』ってその後に逆輸入で再評価された過去もあって。紡いできた歴史を喪失しないようにちゃんと守りつづけていくのも、私たちの仕事だと思っています」

浅田さんは美大で、江戸時代の着物を復元する文化財保存学を専攻した。

「アートを作るのではなく、昔はどんな染料を使っていたのか調べたり。昔の人に思いを馳せるのも面白かったです」

0→1でなにかを生み出すアーティストになるのは自分はちがうのかもと思い、それでも美術に関わる仕事をしようとあれこれアルバイトをするなかで、アートの神様に呼びよせられるように学芸員になったという。

「創る、生み出す」ではなく、「繋げる、橋渡しをする」というアートへの関わり方。そんな学芸員という仕事の魅力を、アートを愛する浅田さんからは存分に聴くことができた。

学芸員という仕事の面白さ

学芸員をやって良かったことは？　という質問をしてみた。

学芸員の仕事やアートの魅力を聴きながら、ネイルを施す

「制作の裏側を見られるのが、私は一番。当館では日本以外の現代ガラス作家も多く取り上げていて、海外とこんなに繋がれる分野って少ないんじゃないかなと思います。あと、学生時代に江戸時代を研究していた身としては、(現代アートだと)作家さんがご存命で、直接お話が聴けることはなによりも価値がありますね」

しかも、自分が好きなジャンルでそれができるのなんて最高だ。

「そうなんです。お仕事で、注目の作家さんを調べることができて、その延長線でお話まで直接聞ける。幸せです」

自分のやっている仕事を幸せと口に出して言える人は、果たしてどのくらいいるのだろう。

「好きなことを仕事にする」って、特段アートの分野だと諦めたり挫折したりしてしまうのはよく聴く話だし、人によっては「好きなことを仕事にすると、嫌いになるかもしれないからあえてしない」という声も何度か聴いてきた。しかし、クリエイトするだけが仕事ではない。そのジャンルのなかで動詞を変えた仕事をすることで、さらに自分の好きを追求することもできるのだ。

トランプの束からはぐれたダイヤの5。
今はちょっとだけ弱気になっている。

富山市ガラス美術館が入居する複合施設「TOYAMAキラリ」は、世界的に有名な建築家である隈研吾《くまけんご》さんが手がけたものだ。その外観が見たことのない素敵なデザインだったので、ネイルに反映。またガラス美術館で展示されていたデイル・チフーリさんの作品「シャンデリア」の瑠璃色がとても印象的で、その要素も投影した。

明るくお話してくれる浅田さんのネイルも、この美術館でインスピレーションを受けたもののと同じくキラキラに仕上げていった。

最後に、浅田さんがこれからやっていきたいことを聴く。

「自分が美術館で学芸員として関わる以上は、作家さんのなにかしらの支えになっていきたいので、若手作家の支援も将来的にやってみたいなと思っています。現代アーティストのなかには作家活動しながら学校や公共の場で教えることで生計を立てている方もいますが、いまは子供が減って学校自体の数も減ってきて、そういう道が絶たれている面もあるんです。じゃあどうしていくかってときに、やっぱり私たちのような美術館が協力して守っていかないと、と思うんですよね」

なにを守り、なにを残していくのかというテーマ。浅田さんの場合はアー

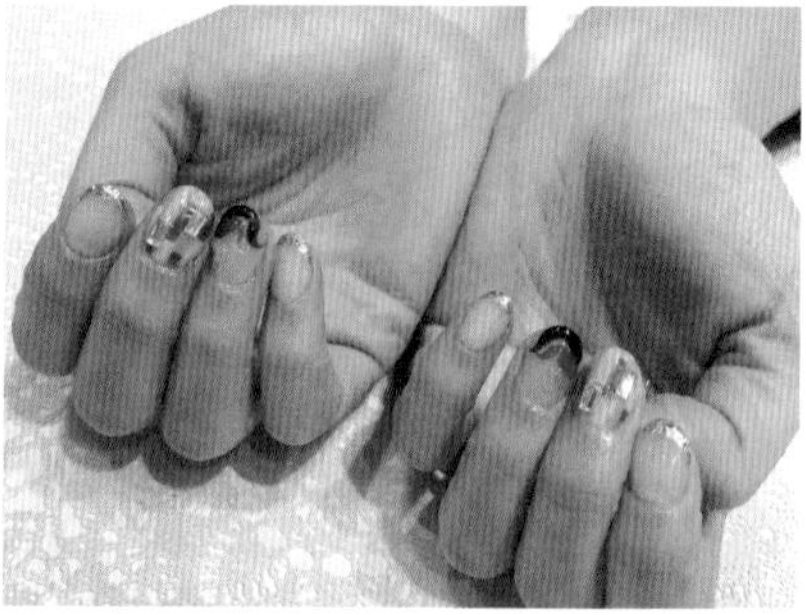

TOYAMAキラリの外観と美しい富山のガラスアートをイメージ。近年ネイル界でもっとも流行ったデザインのひとつ「ガラスフレンチ」を「ガラスの街とやま」にあやかって施す

トの分野で答えを見出し、ひとつひとつ形にしている最中だ。守りたいもののためなら、手段やルートは色んな形で見えてくる。

学芸員という仕事は、世界中のアーティストの生の声を聴いている。浅田さんのようなお仕事をされている方はどのくらいの感動とインパクトを肌に浴びているのか、想像もつかなかった。

「自分が学んだことを還元できる人になりたい」

新潟行きのバスに乗り、取材の最後にそうお話していた浅田さんの言葉を反芻しながら、富山市の整然とした街並みを車窓から眺めた。

WORK

動詞を変えることで、
諦めていた好きを仕事にできないか考えてみよう

いま
やっていることの
腰が重い人へ

面倒なことほどしっかりやっておこう

新潟編

富山市ガラス美術館をあとにして、バスでさらに日本海側を3時間ほど北上すると、新潟県に入る。日本一の蔵元数を誇る日本酒の激戦区。今回の目的地は新潟駅から徒歩で立ち寄れて、酒蔵見学もできるとてもオープンな酒蔵さんだ。

大通り沿いを歩くと一目見てわかる、歴史の香りが漂う風貌。靴を脱いで入り口の暖簾《のれん》をくぐると、もうそこは江戸時代にタイムスリップしたような、ずっしりした空間が広がっていた。江戸後期から明治初期の新潟は、江戸より人口が多かったといわれるぐらいに繁栄していたそうで、今代司《いまよつかさ》もお酒の卸業や旅館業でとても繁盛していた。この地域の水質や地盤が良いことから、明治中期から沼垂《ぬったり》の地に蔵を構えて、酒造りに本格参入した

お話を聞いた人

今代司酒造株式会社
営業部小林さん

競合の多い新潟県の酒蔵の営業担当として、自社製品の日本酒の企画から販売などを行っています

そうだ。ぬったりには、ほかにも多くの酒蔵、味噌蔵、醤油蔵が建ち並び、「発酵食の町」として知られていた。

一般向けに公開している酒蔵見学では、日本酒が実際どのように造られるのかを間近で見ることができる。お米を磨く度合いによって、日本酒の呼び方がちがうのだというとても初歩的なことを学びながら、だんだんと日本酒を飲み比べたくなっていた。無知は好奇心をも起こさない。逆に少しでも行って触れてみると、好奇心は湧いてくるものだ。

日本酒の印象、そのままではもったいない

酒蔵見学を終えてから、新潟出身のスタッフの小林さんにネイルを施しながら、日本酒のあれこれを伺ってみた。酒蔵さんは酒豪が多いのかしらと思いきや、小林さんは嗜《たしな》む程度とのこと。ある意味フラットにお話することができた。

日本酒をあまり飲んだことのなかった私に、小林さんはここで働いてからガラリと変わったという日本酒へのイメージを教えてくれた。

「一番は、日本酒って美味しいなと思いました。大学時代は日本酒に対し

日本酒の瓶とラベルは色とりどりで明るく見た目も華やか

てはあんまり良いイメージがなくて。でもちゃんとお食事の組み合わせやお店の雰囲気でも味って全然ちがうし、変わるんだなと思って。新潟は雨が降る季節はちゃんと雨が降るし、雪が降る季節は雪が降る。四季がくっきりしているので、食材や風景に『ああ日本だな～』って感じられるんです。日本酒に合わせた食材を見つけたり考えたりするのも楽しいですね」

　たしかに、私の学生時代でも日本酒に対するイメージは「罰ゲームで飲まされる強いお酒」みたいなもので、同様に本当の日本酒の良さがわからず敬遠したまま、ということもあるのだろう。

「私もまだ勉強している身なのでいち個人の意見なんですけど、日本酒って敷居高そうというか、初心者の人が入りづらそうだなっていう印象があるんですよね。プレゼントで日本酒を買いに百貨店に行っても、なにを買って良いのかよくわからなくて、結局値段で決めることが多かったので……。いまになって、あれ間違いだったなと思います（笑）。ちょっとでも良いので知っておくだけで、贈り物でも愛情込めて贈れますよね」

　これまでお酒をはじめ外向的な事柄に対して世の中も閉ざされ気味だったからこそ、もっと日本の文化を見つめて、日本人ならではの楽しみを熟

させる良い時間を過ごせた。日本酒好きなお客様に日本酒ネイルをオーダーされつづけていた経緯もあって、「日本酒に触れてみる」というのをずっとやってみたかった。

ジャケ買いは日本酒の世界でもアリ!

定番商品の「錦鯉《にしきごい》」はお祝いごとの贈り物としても購入されることが多く、ラベルも赤、白、金と縁起の良い鯉の模様で華やか。

「先輩が、今代司は今と昔を繋いでいると言っていて。うちはわりとポップなデザインが多くて、若い人に手にとってもらえることも多いです」

これならジャケ買いもたしかにアリかもしれない。どんな味がするんだろう? みたいなところから入ってくる人もいそうだ。

昔、まだ日本酒が樽詰めで出荷されていたころ、出荷前にお酒に水を加え、かさ増しして売ることが許されていた時代がある。金魚も泳げるほどに水で薄まった酒を揶揄して「金魚酒」と呼んでいたそうだ。そのなかでも水で薄めなかった今代司は、酒屋さんから愛され評判を呼び、「金魚酒」を売らずしていまや「錦鯉」が堂々の人気商品となっている歴史は、知る

小林さん(右)と「今代司 極上」と「錦鯉」を持って記念撮影

ととっても清々しい。

小林さんに好きな言葉を聴いてみた。

「酒蔵は人が少なくて、色んな仕事をするんですね。大変な仕事も体力仕事も。そんななかで好きな言葉が、『面倒なことほど重要だ』って宮崎駿監督の言葉ですね。うちの酒蔵は、昔のラベルとか、古いものがすごくたくさん出てくるんです。そのまま放置しておくと何十年後かにはなくなっちゃうので、歴史がちゃんと紡がれなくなる。大変だけど、いまやっておこうって奮い立たせています」

出てくるんだろうか!?（笑）

「古い蔵なので、あらゆるところから宝物のように出てくるんですよ（笑）」

にいがたの　今と古《いにしえ》　むすぶこと

酒蔵の入り口に書いてあった言葉を写真に収めて、最後にテイスティングもさせてもらい、帰り際にはへぎそばとたれカツ丼セットを食べて新幹線に乗り、北陸旅に終止符を打った。日本一周旅は、太りそうだなあ……

ご自慢の酒樽がズラリ

と思いながらも、こんなに美味しいお酒と食べ物がある日本に生まれたことに、あらためて豊かさを感じる。

今代司酒造の公式HPを引用すると、「お酒というものは、人の生死においてなくてはならないものではない」。しかし、生活必需品が揃い、物が満ち足りている今の時代の日本においては、「人の豊かさにおいてなくてはならないこと」を考えたい。日本酒をはじめとした、先代が紡いだこの国の文化にアンテナを張るということは、間違いなくそのひとつなのだろう。

WORK

気にはなっているけどまだ触れていない〝嗜み〟を体験しに行こう

今代司の最上級酒、「純米大吟醸
今代司　極上」と、もっとも人気の銘
柄「錦鯉」のラベルを施してみた

失敗するのが怖い人へ

失敗させてみなよ、自分にも人にも

1月に北海道、2月に北陸をまわり、3月に向かった先は東北地方（なぜか冬に雪国を攻めた）。まだ雪の降り積もる景色を車窓から眺め、新たなる出逢いと旅に期待を膨らませながら、まずは青森県へ向かった。

初日はJR青森駅から徒歩1分の「ねぶたの家ワ・ラッセ」へ。迫力ある作品のひとつひとつに感嘆しながら、ねぶたネイルも可愛いだろうなあと妄想を膨らませ、すでに次回来訪時のやりたいデザインが増えていく。

新鮮なホタテ定食を食べて鋭気を養い、向かった場所は5代続くりんご農家の大湯《おおゆ》ファーム。りんごの生産は旦那様、販売や経営面は奥様の朋恵《ともえ》さんという素敵な役割分担で、年間を通してりんごを全国にお届けしている。朋恵さんは神奈川県の出身で、結婚をしてから旦那さんの農家「大湯

お話を聞いた人

大湯ファーム
朋恵さん

りんご農家としてりんごの生産をする夫の長さんをサポートしつつ、りんごの販売や経営面を担当しています

青森編

ファーム」を継ぐために、一緒に青森へ来たという。

農家のお嫁さんとして青森に来てどうですか？　という最初に気になったことを朋恵さんに聴いてみた。

「まず、津軽弁がわからない。なに言ってるのかわからなくて、外国語みたいで、一人でぽつーんとしてて。いきなりみんな笑い始めたりして、どこが面白い話だったの!?　みたいな（笑）」

まるでホームステイみたいだ（笑）。

「だけどもう20数年ぐらいたったら、ヒアリングはできるの。耳だけは聴こえるようになったから、通訳はできるかな。青森へ来たときはお金がなくて、仕事をして帰ってきてからネット販売をやり、気づいたら夜中の2時なんてこともありました」

地元の美味しいりんごを作ることに注力した旦那さんと、新天地でりんごをたくさんの人に届けることに注力した朋恵さん。ありとあらゆる試行錯誤をした20年以上の年月を経て、いまでは全国に大湯ファームのりんごを楽しみにしているお客様がいる。

りんご選別中のスタッフさんたち

健康、人、お金に恵まれるリンゴの良さ

「りんごは健康のために食べていて、お通じがすごくスムーズになるんです」

りんご1個で医者いらずということわざがあるくらいだ。健康面でもポジティブな影響があるりんごは、自分の身体のためにと定期便で注文しつづけてくれるお客様が多いという。専用の冷蔵庫を使って安定的に供給し、スーパーに並ぶりんごよりもさらにパリパリの状態で、鮮度を保ってお届けしている。朋恵さんはりんご農家の大変さも良さも実感している。

「農家は季節労働が多くて、冬場ってなかなか仕事がなくて。うちは定期便の発送もしているので、働くスタッフさんも通年雇用で来ていただけるんです。これもりんごのおかげだと思っていて。日持ちしない果物やお野菜とかもいっぱいあるなかで、りんごで良かった。りんごってひとつの場所に5個花が咲くんです。真ん中が一番良いりんごになるので、あとの4つを手でひとつひとつ全部取ってあげるんですよ。間に合わないとだんだん実になってきちゃいますが、7月ぐらいまで毎日毎日ひたすら取っています。たまに取り忘れて2個ついていると小さいりんごにしかならない。う

つやつやのりんごたち

ちはいま畑が10カ所あるんですけど、畑を3周ぐらいまわるかな」

「手作業で取るんですね！　スタッフさんはどんな方がいるんですか？」

「秋はすごく忙しくなるのでバイトさんにも手伝ってもらうんですけど、大学生とか若い子たちがいっぱい来てくれます。大学生と知り合うってそんなにないけど、こうやって農業に携わってくれる人が増えるのがすごく嬉しくて。力仕事は男の子もワイワイやってくれたりして。りんごを育てるのにもたくさん人手がいるので、これもりんごのおかげだなと」

　自分の育てたりんごが健康にも繋がり、通年で提供できることでお仕事としても安定し、人手がいるお仕事だからこそ多くの人にも出逢える。なによりそれを、「りんごのおかげ」と感謝している朋恵さん。私も、ネイルのおかげでいただけているもの、そういえばたくさんあるなあ。そのようななかで、逆に農家として大変なことはどんなことだろう。

「人を教えるとか育てるってことかな。親子ってやり方や考え方のちがいで揉めるんですよ。でもスタッフが来ると、夫は昔自分に農業を教えてくれた先代のお父さんの気持ちがわかるみたい。スタッフの自由にやらせるっていうことがすごく難しいって。自分のやり方しか自分はわからなく

大人気の青森スイーツ「朝の八甲田」。中央が紅玉（こうぎょく）を使用した「朝の八甲田　津軽りんご」

て、それを押しつけたくなっちゃうんだよね。でもね、スタッフも自分が作った物っていうやりがいがなく、言われたことだけをやっていてもやっぱり成長していかないし。あなたも失敗したでしょ？　失敗させてみなよって言うんだけど、それがちょっと怖かったりするのよね」

　失敗しないように。これってきっと、どの分野でもあることだ。

「私たちはりんご農家を育てたいから。ただの作業員だったらやっぱりちがうよね。結局農家をやったことない人でも、やりたかったらできるし、だったら色んな経験させないと、りんご農家にはなれない。『こうやったらうまくいかなかったよね』っていう経験も大事だよね」

　5代続いているからこそのこだわり、伝統、やり方。それをいったんフラットにして、失敗前提で人に任せてみることの難しさ。でも人として、仕事人として、〝本当のプロ〟になるためには、失敗の道も通ってしかるべきなんだろうな。

固定概念に縛られない次世代への引き継ぎ

作っていったネイルアートは、もちろんりんごがテーマ。中指には大湯

ファームさんがお客様にお届けされているりんごのお花が印象的だったので、白くて小さなお花のアートも施した。

「6代目の大湯ファームさんはどうなっていくと思いますか？」

「息子はいるけど、やるかどうかわからない。自由人だから（笑）。だからやりたい人がやれば良いような会社作りとか仕組み作りが大事かなと思っていて。敷居が低ければ農家さんも増えてくるかな。だってやりたい人がこうやっているんだもの」

男性スタッフが、窓の外でりんごを一生懸命選別している光景が見えた。

帰り際。お土産に5つもりんごをいただき、ホテルに戻ってからいただいたら、甘くてシャキシャキで、とっても新鮮な歯ごたえを楽しんだ。

WORK

「失敗させないように」という理由でストップしていることがないか振り返ってみよう

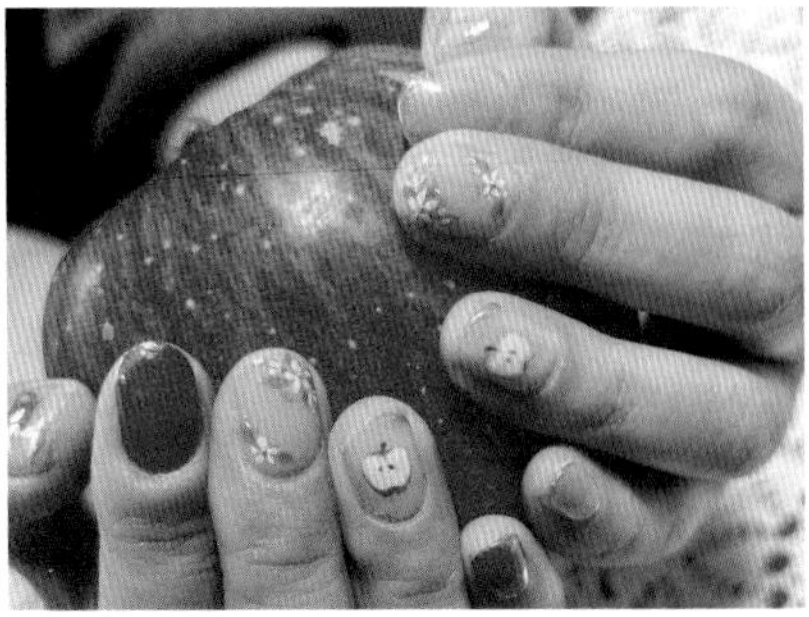

左右で青と赤のりんごアート。大湯ファームで育てたりんごを持って

義務感だけに
なって
しまっている人へ

つまらなくなっている人は、一度遠野の世界へいらっしゃい。

3月の東北はまだまだ寒さが残るが、この日は一段と背中から寒い。バスを降りて歩いていると、曇り空の下「カッパ淵《ぶち》」という標識が目についた。道ばたには、なにやら不気味なモノたちが一斉に、静かに佇《たたず》んでいる。黒いボサボサの髪にお面を被った人形、錆びた動物たちの置物。さらに進むと何で塗られたのかわからない赤黒い顔の河童がポツンと座っていた。

青森に引き続き向かった先は、岩手県遠野市。不思議な逸話伝承を明治時代に柳田國男《やなぎたくにお》がまとめ、日本の民俗学の先駆けとなった『遠野《とおの》物語』のゆかりの地だ。「伝承園《でんしょうえん》」では、遠野物語の世界観を、この場所の古くからある風習や生活の情景をそのまま残しながら伝えつづけている。

伝承園スタッフの菅原さんが遠野に伝わる昔話を教えてくれた。

お話を聞いた人

伝承園スタッフ
菅原さん

伝承園での接客やグッズ販売のほか、イベントを企画して遠野物語の魅力とかつてのこの地の暮らしを伝えています

岩手編

「遠野の三大昔話とは、オシラサマと、カッパと、座敷童なんです。オシラサマはシルエットみたいな表現のことが多くて、はっきり描かれてないんですよ。纏っている布の下も見えてないんです」

カッパと座敷童はなんとなく知っていたが、オシラサマの話は聞いたことがなかった。調べてみると、農家の娘が家の飼い馬と仲良くなり、ついには夫婦になってしまったことを聞きつけた娘の父親が馬の首をはね、すかさず馬の首に飛び乗った娘はそのまま空へ昇り、馬と娘の2体1対で「オシラサマ」と呼ばれる神様になったというお話であった。

伝承園のオシラ堂という部屋には、馬と娘の2体1対となっているオシラサマが1000体おり、オシラサマの細長い首に幾重にもかけられている布には数えられないほどの願い事が書かれていた。

「よくわからない」という魅力

遠野の地域の魅力はなんだろう。

「物語を知っている人にとっては、実際の舞台がそこら中にあるので『おおっ』てなると思うし、ちょっと失くし物をしたり、不思議なことがあっ

遠野の「カッパ淵」に佇んでいる。この赤い色は何で塗られたのか……

ても『遠野なら、まあありだよね』みたいな雰囲気があります（笑）」

妖怪や神様の正体は誰にもわからない……物語やゴシップだからこそ、昔の日本人はこうかもああかもと、皆で囲炉裏《いろり》を囲んで話をしていたのだろう。遠野の人々の雰囲気には、優しくておおらかな印象を持っていたが、「これもありよね」というゆるさ（許す気持ち？）も、遠野物語の世界観が関係しているのだろうか。簡潔な答えばかりを求めがちな現代人は、現代社会にしんどくなったら遠野の世界を体験するのもいいかもしれない。

菅原さんに、伝承園でこれからやっていきたいことを聴いてみる。

「『遠野物語』を体感する施設にしようと思っています。天狗《てんぐ》がいた形跡で下駄を置いたりとか、狐と相撲を取る土俵を作ったりとかね。ここに来るお客さんの方が遠野物語にすごくくわしくて、海外の方も勉強されてきていて。お客さんとのふれあいがあるのが楽しいです」

ネイルインタビューが終わってから、「遠野の世界を知るならここも良いよ！」と、園長に遠野市立博物館まで車で送ってもらいながら、車中でも園長と遠野の話やこのプロジェクトの話を語り合った。

「ここはどっちかっていうと、新しい物を求めるというよりちょっと古い

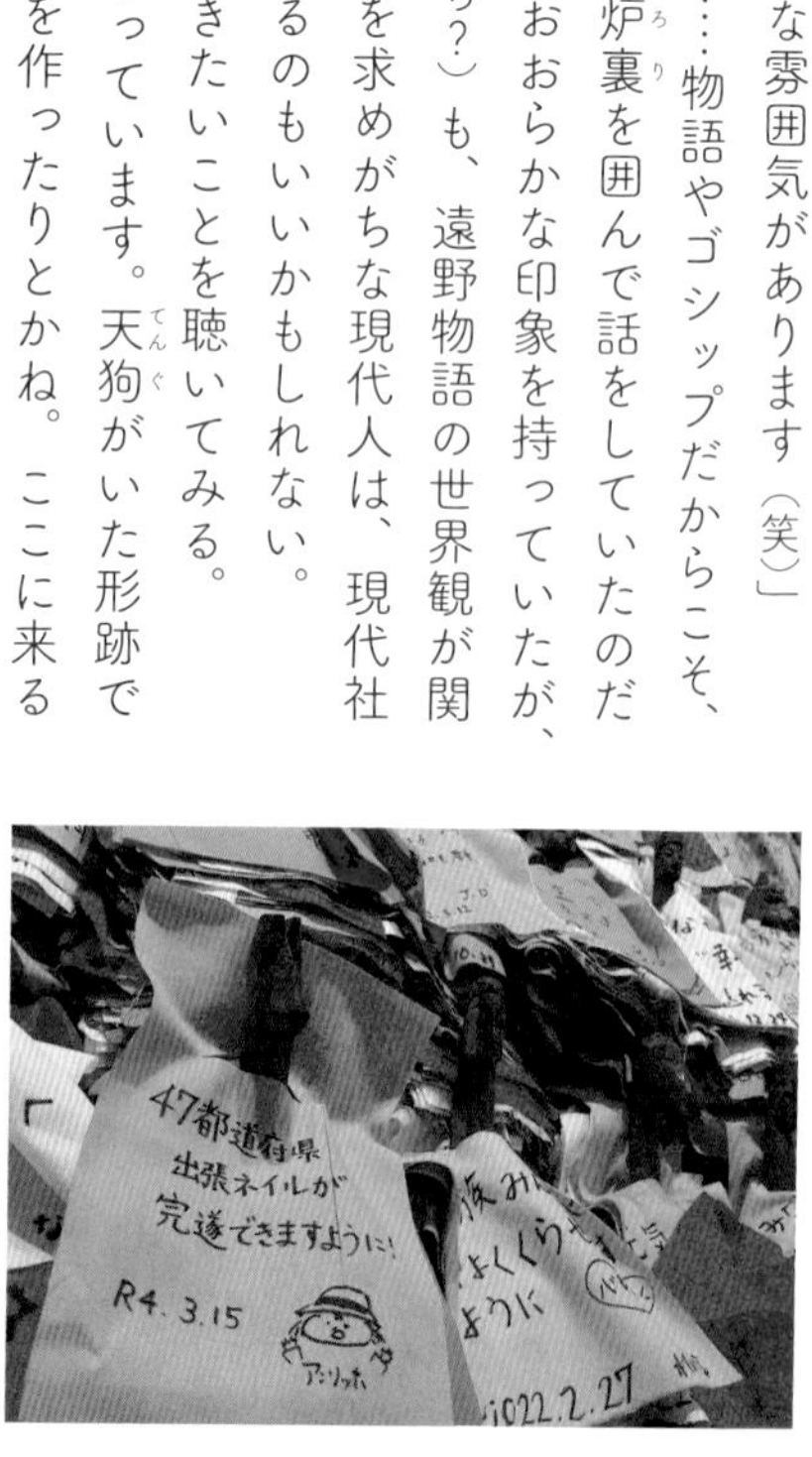

オシラ堂のなかには1000体ものオシラサマが。細長い首にたくさんの願い事が書かれた布がかけられている。私もいま一番叶えたいことを書いてきた

物を懐かしいと思ってきてくれる人たちが来てくれるのよね。でも新しいことって、古い物があっての新しいことなので。伝承園がそれを楽しめる場所になっていけば良いなと思うの。それこそネイルって新しいじゃない？　それもこうやって古い物を取り入れつつやってもらうと、なんかすごく、私たちみたいな世代の人間でもワクワクするのよ。ほんとに頑張ってね」

一見不思議で、奇妙な物語がなぜ、いまのいままで語り継がれているのか。その理由は、遠野の世界を旅した人にこそ、感じられるものがあるかもしれない……。どんとはれ。

WORK

わかりやすい答えや解決策ばかりさがしてしまうときは、おおらかな目線で見てみよう

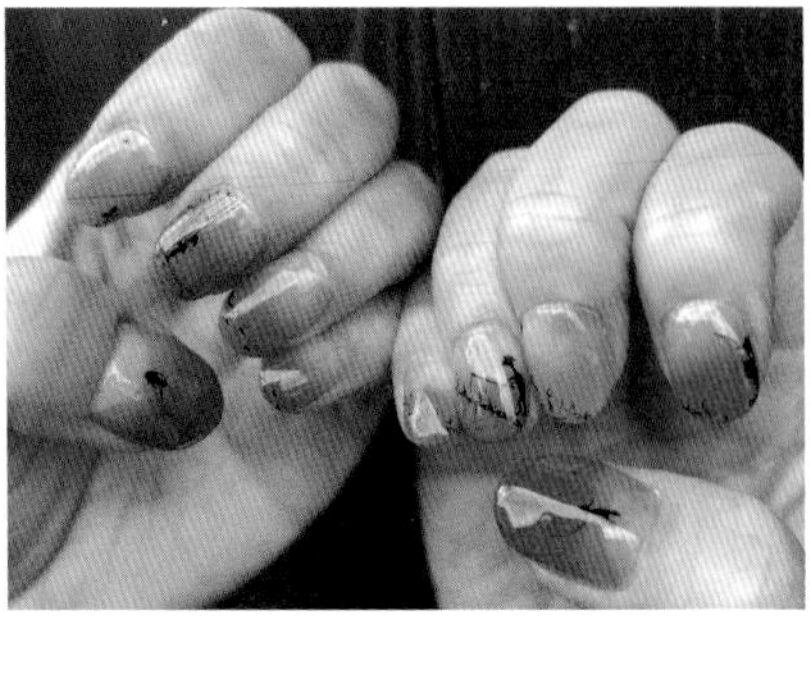

ちょっと不気味で、引き込まれるような世界観を表現。右手と左手で物語が繋がっていて、カッパがいたり座敷童がこっちを見ていたり

仕事を
なんとなく
やっている人へ

あなたのモットーは？と聴かれたとき

秋田編

駅近のお店で比《ひ》内《ない》地《じ》鶏《どり》親子丼を食べ、ONE FOR AKITAの施設へと向かった。お菓子にハチ公ラーメン、秋田犬《いぬ》のぬいぐるみなど関連グッズが並び、入り口の張り紙には「里親募集」のお知らせの文字。

いま、秋田犬は「ワンオーナードッグ（飼い主に忠実）」として世界中で人気を集めている。しかし秋田犬の発祥地では保護・保存活動が続いており、国内の秋田犬は1972年に46000頭以上いたところから2011年以降は2000頭を切りそうな勢いで減少しているそうだ。ONE FOR AKITAは、そんななかでも日本の天然記念物である秋田犬を未来に残すためのプロジェクトを続けている。

「この近くの建物の中に犬舎があって、秋田犬はそこに5頭、自宅に8頭

お話を聞いた人

ONE FOR AKITA
ドックトレーナー鈴木さん

秋田犬専門ドックトレーナーとして、年々減少する秋田犬の保護とトレーニング、里親の募集から引き渡しまで行っています

いる。お散歩は多頭引きできるように躾してあるけど、犬は他の犬に気遣って自分のペースで歩けなくなるでしょ。お散歩が一番楽しみだから、手間でも1頭ずつ。13回。1頭20分から30分」

それだけで1日が終わってしまいそうだ……！

鈴木さんがこの仕事にいたる最初の最初は、趣味で自身のワンちゃんを展覧会に出場させたところから。お仕事でも犬に関わることをしようと仙台でペットショップを始め、当時からさまざまな犬を引き取ってお世話をしていたなかで、秋田犬の世話をしてほしいという依頼が舞い込んだという。秋田犬は繊細な性格で、一人の飼い主にしかなかなか心を開かない特性があるそうだ。その依頼を受けるか悩みに悩んだあげく、16年続けた仙台のお店を閉め、この場所で秋田犬の保護活動をしている。

「なにを隠そう、仙台にいたころは秋田犬が大嫌いで。お店に来る秋田犬は10頭いたら8頭9頭は噛むんだよね。知らない人が爪を切りましょうって足を持った瞬間『ウーッ』と来るもんだから、どんな高いお金もらっても秋田犬はやりたくないってイメージだったの。ところが自分で子犬から扱ってみると、こんな頭の良い犬種いないよねと思うし、人の心も読むし、

秋田犬に会える秋田犬ステーション。グッズ売上の一部が秋田犬の保護に利用される

飼い方が悪かっただけだったことがわかって。きちんと訓練をして、飼い主の言うことをちゃんときくように育てれば、これほど良いパートナーはいないと思う」

「どういう行動をすれば秋田犬の心は開きやすくなるんでしょう？」

「こっちから行かないこと。待ってあげること。仲良くなりたいからってこっちから仕掛けない。だからね、秋田犬を引き取ってとりあえず1週間は、寝てるとき以外は24時間、犬の視界に私が入る距離感で、一緒にいる。だいたい3日あれば寄ってくるからさ」

　24時間ずっと同じ空間にいてあげる？

「そう。それは私がどういう人なのかっていうのを確認させるのがひとつと、『大丈夫、安心して良いよ』っていう安心感の両方」

〝待ってあげること〟。愛情と信頼関係を感じてもらうための、第0段階。人間同士でも意外とすっ飛ばしていたりするものだ。

秋田犬殺処分の実情は？

「ONE FOR AKITAが立ち上がる前までは、殺処分されている犬

秋田犬の疾風（はやて）と鈴木さん。深い信頼関係で結ばれている

のなかでも秋田犬はかなり多かった。秋田犬は警戒心も強いから、捨てられたあとの収容期間内に人慣れすることはまずあり得ないわけだ。そうなると行政もそこまで時間も手間もかけられないから殺処分になっちゃうんだよね。でもうちが立ち上がってからは、県内ではずっと秋田犬殺処分0を更新しているよ」

小さい犬から大きい犬まで、色んな犬種と関わってきて、その集大成が秋田犬。鈴木さん自身は1頭1頭、殺処分になる秋田犬を保健所まで行って引き取り、もう一度人間との信頼関係を取り戻すために一緒に生活をする日々。一度は人間不信になった秋田犬が顔つきも見ちがえるほど明るくなり、職員さんからおやつをもらう様子をメディアで広めつづけていくと、「やっぱり天然記念物殺しちゃいかんよな」と地域の人や秋田犬に関わる人の意識も変わっていったそうだ。

地道に根気よく現場まで足を運ぶことと、メディアを通して広く伝え続けていくことの両輪がまわって初めて、世の中の意識も変わっていく。「今までの私の経験がすべて活きている」と、ネイルをしながらお話してくれる鈴木さんの言葉には、ブレることのない信念を感じた。

殺処分0の目標を実現しつづけているONE FOR AKITAはじめ秋田犬保護活動に関わるすべての人々の想いを伝えられるようにと、親指にはキャッチコピーを。人が一番自分の身体で見ている場所は手だ。そこに自分の信念や大切にしたい言葉や想いを入れるといつでも目に入る。

間髪入れずに答えられる信念

「お仕事をするなかで一番大事にしているモットーって……」

すぐさま鈴木さんは答えた。

「秋田犬ファースト。やっぱり縁あってここに来る子に最善を尽くすことがモットーかな。難しい犬種だけどちゃんと飼えば、本当に最高のパートナーになってくれるから、そこはもっと発信していきたいと思う。やっぱり飼った以上は、目を閉じるまで最善を尽くして、楽しく一緒に暮らしてもらいたいなと思うし」

秋田犬は映画の影響もあり世界的にも注目されていて、そういった発信もより大事になってきそうだ。

「海外の方が大事にしていると思うよ。日本だとさ、車で犬轢《ひ》いたって法

秋田犬保護活動に関わるすべての人の信念、SAVE AKITAの文字を入れた

律上は器物損壊でしょ。多頭飼育崩壊の現場なんかでも、例えばその証拠品として犬猫が警察に押収されるわけじゃない。〝証拠品〟だからね。ひとつの命としてのとらえ方ができるような法整備は、日本は必要だと思う」

ネイルが終わってから、秋田犬の杏ちゃんに会わせてもらった。こんにちわ〜と顔を近づけてくれて、2ショットを撮ることができた。

「忠犬ハチ公」が世界的に人気を博し、秋田犬ブームが広がっている裏側で、殺処分という事実に向き合い秋田犬を必ず守ると動いている人々が共存している。鈴木さんほどの信念を持っていると、現実世界がより良い方向に変わってくるということは、この場所に来て肌身でわかった。

WORK

強い気持ちで根気よく行動しつづけていることがあるか考えてみよう

秋田犬の杏ちゃん。通常はスケジュールに合わせて秋田犬ステーションで会うことができる

自分の
価値を
模索している人へ

差別化が難しい時代に、ストーリーを語れるか。

山形編

東北旅も後半戦。電車の本数も少なく、県をまたいだ移動は想定外に時間がかかった。なんとか秋田県の秋田市と次の目的地の中間地点になる山形県の新庄《しんじょう》市で一晩過ごしてから、始発で目的地へ向かう。

将棋の大きな駒が道路の脇にドーンと置いてあるのを横目に、株式会社DMC天童《てんどう》温泉のオフィスを訪れた。スタッフの鈴木さんは言う。

「天童温泉にはいま旅館が11軒あって、そのうちの8軒のオーナーが出資して作った会社なんですが、うちはその旅館のメンバーでやっています。普通、温泉旅館ってライバル同士じゃないですか。当然自分の旅館にお客さんがたくさん来てくれれば良いっていう考え方が多いと思いますが、天童の場合は横の繋がりが強くて」

お話を聞いた人

株式会社DMC天童温泉
鈴木さん、後藤さん

山形ならではの体験交流ツアーを提供する超地元密着の旅行会社。天童温泉を拠点に山形のツアーを企画しています

「それってけっこう特殊というか、温かみのある形ですねえ」

平成初期に団体ツアーが盛り上がり、その後個人旅行にシフトチェンジしていった時代の天童温泉は、集客に伸び悩みの課題を抱えていた。当時も、各旅館は食事やサービスの内容に改善を重ね、旅行サイトの口コミを中心に評価を上げていったのだが、温泉街全体で見れば利用者数は横ばい。旅館のオーナーたちは、個々の旅館の磨き上げだけではなく、地域の磨き上げが必要だと感じ、DMC天童温泉の設立にいたったという。

人生でもっとも記憶に残る旅のシーンは？

「個人旅行だと、地元や地域の人と関われる機会を作るのってなかなかないじゃないですか」

鈴木さんの言葉に、天童生まれ天童育ちの後藤さんがうなずく。

「人との交流がない旅ってそんなに思い出に残らないというか。ハプニングや人と接して驚いたことがあると印象に残るんですが、なにか見たり食べたりしただけだと、楽しいけれどあんまり覚えていない。山形とか天童に来た人にも地元の人と交流して、思い出に残る旅になって欲しいなと

天童市には、いたるところに将棋の駒が

思っています」

たしかに、自分の人生でもっともインパクトのあったモロッコ旅行でも、数年経ったいまでもすぐに頭に思い浮かぶのは、モロッコ絨毯を強引に押し売りしてくるベルベル人の商人の顔だ。ほかの光景はだんだん記憶が薄れているが、これだけは鮮明に覚えていて、なんだか笑える。そして、思えば日常の仕事においても、ここ数年を振り返ってみると「どんな仕事をしたのか？」というよりは、「どんな人と仕事で接していたか？」で記憶が掘り起こされる気がするのだ。さらに後藤さんが続ける。

「仕事していて難しいなと思うのが、最近はどこのサービスも良いし食べ物も美味しいじゃないですか。その土地の魅力とか価値の魅せ方って難しいですよね。だからこそていねいに、その場所の〝人〟を輝かせるようにして、そこに惹かれた人がやってきて欲しいなって思います。日本は物質的に豊かな国だからこそ、最終的には人と人との関わりが大事なんだろうなというのはありますね」

たしかにそれは感じる。そのなかで2人が自分のサービスやツアーを作るときに大事にしていることや、基準にしていることってなんだろう。代

ネイルは山形で有名なさくらんぼやラフランス、将棋などをアソートメントのように詰め込んだ

表して鈴木さんが答えてくれた。

「その商品やサービスのストーリーが語れるか、ですね。例えばさくらんぼでいえば、旅行に来たお客さんは6月の実が生っている木しか見られない。なんでこんなに値段が高いのか、実感が持てないじゃないですか。でも、収穫のずっと前からひとつひとつ手をかけて育てて……みたいなストーリーを全部聴き終わったときに、それならこのぐらいの価値あるよね！　っていう実感を伝えることを一番に大事にしたいと思いますね。そこから、どうせ同じさくらんぼを買うなら、あの農家さんから買おうってなれば良いなと。それでさくらんぼを朝摘みにいくツアーをやっているのですが、やっぱり人気ですね。日中に食べるさくらんぼよりも断然に美味しいですし、ストーリーを知れる時間も作れているので、単純に朝さくらんぼを食べるだけの価値以上の価値はそこにあるんだろうなと思います」

　その人ならではのお話を聴いてファンになったり、応援したいと思えたりすることはたくさんある。2人はきっと、テレビ番組の情熱大陸のディレクターみたいな気持ちでお仕事をしているにちがいない。

宿泊した桜桃の花湯坊いちらくも、アーティスティックなお宿！

誰にもしわ寄せの来ないサービス作りを

「そのような価値観でのお仕事には、どんなやりがいがありますか？」

旅行会社出身だという鈴木さんは、こう答える。

「当時は、お客さんを喜ばせられればそれでいいと、受け入れ先のことや提供する側のことをちゃんと考えておらず、旅館や施設に価格の面など、いろんなことですごく無理を言っていたというのがあって。いまの仕事を始めて受け入れ側の農家さんや事業者の方に喜んでもらえるほうが、かえって嬉しい気がします。予算も、なんだか安くしなきゃいけないのかなみたいな雰囲気が受け入れ側から漂ってきて、別に安売りなんてする必要はなくて、ちゃんと適正価格で無理なく提供してほしいと思います」

安さだけで戦うと、提供者側の首が絞まる。数で競っても、環境の限界がある。クオリティを極めると単価が高くなり、喜ばせられる人は少なくなる。ここにしかない、その人にしかないストーリーを語れる強さは、個性があればあるほど希少性も上がり、どの方面の関係者にとっても価値あるものだと思ってもらえるだろう。

「水車そば」の鳥中華。美味しかった！

「旅行者（お客さん）、地域（受け入れ先）、天童温泉（我々）、未来。」

鈴木さんと後藤さんのお話を聴きながら、山形の現地ツアーが掲載されているTENDO DAYSのホームページには、「四方《よんぽう》良し」という言葉が書かれていたのを思い出した。

ネイルが終わってから場所を移動して3人で足湯に浸かり、天童に行くならこれ食べて！　とオススメされた「水車《すいしゃ》そば」の鳥中華を食べて、桜桃の花湯坊いちらくに宿泊した。今回は電車の乗り継ぎに時間がかかってあまり観光の時間が取れなかったけれど、また次回山形に行くときは、あの2人がやっている体験ツアーを申し込んでみよう。地元の人と接して、ストーリーを聴くって、こういうことだ。

WORK

自分の仕事は何方良しになっているか考えてみよう

いまいる環境に
違和感が
ある人へ

いまの私たちは人間らしく生きられてる？

宮城編

山形の天童温泉からJR陸羽東《りくうとう》線に乗り換え、窓の外を眺めていた。路線を囲むように連なる白い山々と、その間を電車の走る方向に沿って流れる川を目で追いかける。普段は移動中にやるInstagram更新の手が止まり、1時間以上ずっと車窓を眺めていた。東北旅最後となる目的地は、宮城県の鳴子《なるこ》温泉郷だ。

電車を降りてところどころに足湯がある鳴子の道を歩くと、大きなこけしが目に入った。扉を開けた場所は、さかのぼること江戸時代、鳴子こけしの創始者といわれる大沼又五郎《おおぬままたごろう》から、代々伝統を受け継いでこけしを作り続けている歴史あるお店だ。スタッフの児玉《こだま》さんが47都道府県ネイルに興味を持ってくれて、そこからワーキングホリデーの話になった。

お話を聞いた人

桜井こけし
スタッフ児玉さん

桜井こけし店でこけしのオーダーを受注し、国内外の観光客に対して販売接客も担当しています（当時）

「ずっとやっているんですか、この出張というか旅は？」

「47都道府県出張ネイルは今年からやっています。カナダのワーキングホリデーでネイリストになったところからスタートしているんですが、旅が好きなのもあっていまでも色んなところに行っています」

「私もワーホリでオーストラリアのメルボルンに行きました。飲食店かけ持ちして、ベビーシッターもやりましたね。じつはメルボルンに行くときもこけしをスーツケースに忍ばせて行ったんです、お供に（笑）」

　鳴子では毎年9月に全国各地からこけし好きな人が集まるこけし祭りがあるが、ワーホリから帰国してきた児玉さんは、そのお祭り後のタイミングで桜井こけしとご縁があって入社したという。海外、とりわけヨーロッパからの注文も多く入る桜井こけしにとっては、海外への販路拡大に向けて英語でやり取りできる人を求めていたのだそうだ。こけしをオーストラリアまで連れて行き、帰ってからこけし店に勤める児玉さんは、相当こけしにゆかりの深い方なのだろう。

お店に並ぶこけしは大小、種類、個性さまざま

作る人によって個性が出る手仕事の魅力

そんなこけし愛あふれる児玉さんに、こけしの魅力を伺う。

「本当の最初は1体家に連れて帰って、なにげなくテーブルの側に置いていると、目に入るたびになんだか癒やされるなって思い始めて。そこからこけしの作り方や仕事の話を聞いていったら、こけしって木の丸太で仕入れているところから作られるのを知ったんですね。木の皮をむいたり乾燥させたり、そのあと、ろくろで形を作って顔を描くところも、一からすべてやるんです。手をかける部分の多さがわかったらより面白くなって。あと先代によってこけしの表情や模様や纏っている空気感が全然ちがっていて、作り手の人柄が滲み出ているところはすごく人間らしくて良いなと」

ネイルも、例えば花柄のデザインひとつとっても描く人によって雰囲気が変わってくる。職人の手仕事に人柄が投影されるというのは、ものづくりにおいて共通していることなのだろう。桜井こけしさんでは、こけし作りでどういう思いを大事にしているのだろう。

「大事にしているのは、先代たちから受け継がれたものを受け継ぎながら

桜井こけし店では、こけしの絵付け体験もできる

も、新しいことに代々挑戦することですね。あと職人さんと仕事していて感じるのは、先代たちへの愛情や尊敬の気持ちが深くて。先代の話をしない日はないです。先代の岩蔵さんという人が、櫻井家でもこけし界でも、新しいことをする人だったんですよ。桜井こけし店では岩蔵イズムってよく言っているんですが、ものへの向き合い方やこだわりが尋常じゃなくて。道具ひとつとっても、ひとつのものを作るのに、刃物3つで済むところを倍の量の刃物を用意しているとか。なんかもっと良い道具があるんじゃないか、ちがう分野のものを見て取り入れてみよう、という岩蔵イズムがいまも受け継がれています」

児玉さんの両手の親指が合わさるとこけしができあがるようにネイルを施す。先代の伝統を受け継いできたこけしの模様に敬意を持って。

機械化されたなかでも磨きたい「人として」の感覚

最後に児玉さんが日々大事にしていること、モットーを聴いてみる。

「なにをするにしても人間らしくいようと思っていて。接客するときも、仕事を選ぶにしても、こんなに機械化された世の中で、それでも自分たちの

たくさんのこけしに見つめられながら

感覚を使いながら、手でものを生み出す人に囲まれてみたくて。鳴子に住んだのも、人口都市的なところではなくて、自然を感じながら過ごせる場所に住みたいなって思って住みました。人間らしくあろうというのは、選択するうえでつねに決めていることかもしれないです」

　いくら時代が進んでも、人間は生き物。感覚をちゃんと研ぎ澄ませられる環境に身を置くことで、ナチュラルに自分がなにをどうしたいのかもわかるかもしれない。将来のことも教えてくれた。

「じつはバルト三国や北欧に行こうと思っているんです。北欧の人の雰囲気とか、手仕事の素朴な感じとか、東北と通ずる部分がありそうだなあと。ほかの土地に暮らしながら、自分が生まれ育った東北との共通点を見つけたり、逆にいままで知らなかった文化や価値観を知ったりすることで、最終的には自分が心から良いなと思える暮らしが送れたらと思います」

　同世代でもある児玉さんのように、理想のライフスタイルを楽しく模索し続ける人生も楽しそうだ。

「人生をかけてこけしを追求したいなと思っていて。こけしはもともと好きでしたが、ここで働く前よりもずっと好きになっています。鳴子という

環境から生まれるものなんだっていうのが感覚的にわかったというか。自分が海外に行く際は、そういう感覚を伝えることもできたら良いなって」

　児玉さんと話していると時間の流れを忘れるぐらい穏やかで、優しい気持ちになって心地が良い。でもこけしに対するこだわりや伝えたいことがあって、児玉さんの目に広がる景色は、スケールが大きく限りない。鳴子温泉の大自然で自分の感覚を研ぎ澄まし、北欧に住んでみようという自分の意思をふわりと受け入れて実行しようとしている彼女が、なんだか羨ましかった。

　電車を何回も乗り継ぎ、春がもう少し先の雪景色を窓から眺めながら、3月の東北をあとにした。

WORK

たまにはスマホを置いて
自分の五感や気持ちを意識してみよう

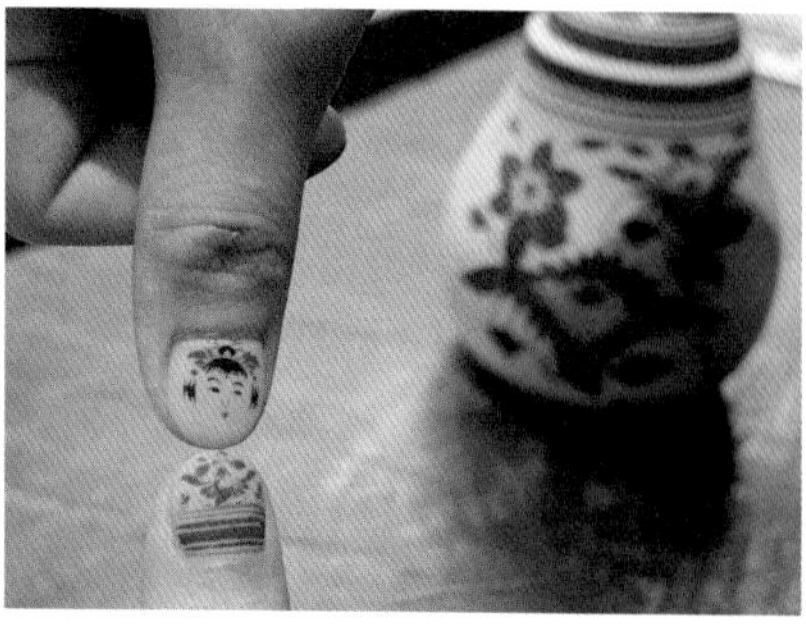

両手の親指が合わさるとこけしができあがるデザイン

AかBかの
選択肢を
迷っている人へ

「二兎を追う者は一兎をも得ず」かもしれない

愛知編

4月の雲ひとつない晴天。うぐいすの鳴き声が空気に響き渡るなか、自然とスマートフォンの電源を切って歩いていた。見たことのない和洋折衷《せっちゅう》の建築物、灯台から見える入鹿池、ハイカラさんの着物で歩く人、そのひとつひとつを深呼吸しながら、自分の目で堪能した。

愛知県犬山《いぬやま》市にある「博物館 明治村」（以下、明治村と表記）は、明治時代を中心とする建造物を全国、また遠くはアメリカ、ブラジルから移築復原し、公開する野外博物館だ。20代の私でも歩いているだけで充分楽しめるテーマパークだが、個人的には「おばあちゃんになっても行きたいデートスポット」としてオススメしたくなる場所である。

お話を聞いた人

博物館 明治村 明治偉人隊
松井須磨子さん、福澤諭吉さん

日本人初の女優と啓蒙思想家。現代の若者の身体を使って蘇り、「明治偉人隊」として当時の価値観や生き方を伝えます

いつの時代もステレオタイプに立ち向かう人がいる

時代の先頭を歩んできた日本初の女優・松井須磨子《すまこ》さんはこう語る。

「明治村には『本物の価値を残す、伝える』という使命がございまして。震災や戦災、戦後の高度経済成長で、明治建築がどんどんなくなっていっておりましたの。これは後世に残さないといけないということで、旧制第四高等学校の同窓生であった谷口吉郎《たにぐちよしろう》さん（博物館明治村初代館長）と、土川元《つちかわもと》夫《お》さん（元名古屋鉄道株式会社会長）とがともに語り合い、そして当時の多くの人々から寄せられた協力によって創設された博物館なのでございます。温故知新という言葉がございますよね。古いものを知って新しい感覚を芽生えさせると。明治村でそう思っていただけると嬉しいわ」

明治村に来たときから、文明開化の、華やかで明るい空気感や歴史に思いを馳せることがリアルに体感できた。

いわずと知れた有名人・福澤諭吉さんも同席してくれている。

「そういえば文明開化という言葉、誰が作ったか知っていますか？」

……ひょっとして諭吉さん？

国の重要文化財の東山梨郡役所。このなかで特別にネイルをさせてもらえることに

明治の方々からすると、ネイルの道具や機械が目新しいものだそうで、2人ともネイルに興味津々な様子で、明治に生きた人の目線から色々とお話をしてくれた。

「須磨子さんは、女優としてどんなことを表現されていたんですか？」

「当時の女性は不自由で、仕事にしろ結婚にしろ決められていまして、そういったなかで女性も自由であるべきだと私は思っておりまして。『人形の家（イプセン作）』という、女性が家庭を捨てて外に出ていく内容の、日本人にとったら驚いた作品をやりましたの。賛否両論の〝否〟もたくさんございましたけれども、女性にすごく勇気を与えまして。女性もちゃんと世に出られるのだというきっかけを与えられたので、まず女性目線では過去もいまも、強く生きなさいということを伝えたいというのは思いますね」

すごいなあ。令和といえどもまだまだ固定概念みたいなものにとらわれることは多いなと思う。私は27歳だが、女性だとくに結婚もそろそろ意識しないと、という話題も会話によく出てくるけれど。

「若いわねえ〜。私１３６歳（笑）」

「僕１８７（笑）（笑）」

新しいネイル文化にも興味深々なご様子の須磨子さんと諭吉さん

日本初の○○をした人武勇伝

須磨子さんが日本で初めて整形をしたときの体験も聴いた。

「私が女優をやりたいっていうときに面接をしていただいた際、あなた鼻が低いから舞台映えしないって言われて、それはもう悔しくて悔しくて。お鼻の整形も日本人で初めて私やりましたの。たまたま新聞を読んでいたら、海外から整形の技術を持って帰ってきたお医者様がいらっしゃいまして。鼻筋にロウを入れる隆鼻術というもので、熱いときはそのロウが溶けて鼻が曲がったり、炎症で腫れたりしてしまって、ひどいときは自分で冷やしてね。大変でございましたけど、でもおかげで女優にもなれましてね」

現代では整形も一般的になってきたし、身長も伸ばせる時代だ。それでも、まだまだ整形に対しての考え方は人それぞれ。当時はびっくりされることが多かったんじゃないだろうか。

「当時はもうありえないことでしたから(笑)。いまは身長も伸ばせるのね。諭吉先生は身長おいくつ？」

「僕は172cmだけれども、それでも大きいって言われていた」

「当時男性の平均は157㎝ですわよね。女性は147㎝。明治村にある呉服座の客席は、当時は枡席に4人ほど座れるようになっておりましたけど、いまは2人くらいでしょうか。これも食文化の変化によって大きくなったと教えていただきまして」

「江戸時代って獣の肉を食べる文化がなくて。それが明治になって豚肉も牛肉も食べられるようになったんだけれども、誰だっけ広めた人は？」

え……諭吉先生かな……？　本当に色々広めていらっしゃる（笑）。

3人でわいわいと話しながら、須磨子さんの手元にテラコッタのレンガと紫の矢絣《やがすり》模様をあしらい、明治村を歩いて印象的だった電灯とポストを描き込んだ。どちらも明治時代に普及したものだ。

人生の、女性としての大先輩・須磨子さんにモットーを聴いてみる。

「私、『二兎《にと》追うものは一兎《いっと》をも得ず』という言葉が好きなの。家庭に入るか女優になるか迷っていた時期があるんだけれど、母親や兄弟からは女優の道を大反対されていて。でも思えば思うほど、私はやはり女優になりたくて、家庭という選択を捨てて女優の道を選んだ。結果私は新劇女優として成功しましたし、後に母や兄弟も私の仕事を認めてくれましたの。どち

テラコッタのレンガ模様と濃紺の矢絣模様で和洋折衷に。明治時代に取り入れられた郵便ポストとガス灯も

らか選ばなくちゃいけないとき、どちらかひとつを捨てる勇気も必要ね。やはりひとつのことを突き進めてやると、人とはまた頭ひとつ抜けるというか。そういう見方や考え方も、時には大事なことですわ」

いまから100年以上前に「日本初の女優になる」という自分の夢を貫き、明治時代を生き抜いた須磨子さんの説得力。

「二兎追うものは一兎をも得ず」か……。明治村と偉人隊の2人にお別れをして岐阜へ北上しながら、会話を振り返る。選択肢がものすごく増えた令和の時代に、この人生で夢中に追いつづけられるような〝一兎〟を、私たちは見つけられるだろうか。

WORK

なにかのレベルを上げるためになにをやらないかを考えてみよう

愛知県から山梨県に電車で向かいながら、インタビューの内容を音声ボイスで確認した。日本人で初めて女優になった松井須磨子さんの言葉が再生される。

「どちらか選ばなくちゃいけないとき、どちらかひとつを捨てる勇気も必要ね」

いまの時代、あれもこれもと欲張ろうと思えば欲張れることはたくさんある。こうでなくてはならないという固定概念も薄れてきた現代は、AとBのどちらかどころか、AからZのうちのどれにするか、ということの方が多い。明治偉人隊の須磨子さんからは、「そんな時代だからこそ、ひとつのことを決めて突き抜けてやれる人は強いのよ」と背中を叩かれたような気持ちだった。

どちらかひとつを捨てると覚悟を決めたことは、思い返すと過去にたった一度だけあった。

「就職活動をするか、海外生活に挑戦しようか、どちらが正解でしょうか」

大学3年生で就職活動が始まり、黒いスーツを着て新卒採用の就職説明会に出ていた。このまま会社員として社会人生活を送るイメージはなんとなく持てていたのだが、同じキャンパスの別の部屋で開催していたワーキングホリデーの説明会になにげなくフラッと入ってみると、それは未知なる領域だった。急に1本出てきた新しい道であり、友達や周りのみんなとはちがう道。圧倒的にワクワクしたのは海外生活の方だったが、すでに大学4年生に差しかかる時期で休学申請も間に合わない。海外に行くのであれば新卒ブランドを捨てる判断が迫られていた。

「あんりさん、その答えはね、どっちも正解。自分で決めた道を自分で正解にすれば良いんだよ」

説明会で登壇されていた社長さんに質問しにいったら、こんな回答だった。本当に覚悟の要ることだったが、いまこの道を選ばなかったらよっぽどでないと海外生活は金輪際しない性格なのも自分でわかっていた。その答えに背中を押され、人生で初めて「無難」「みんなやっているから」ではなく「ワクワク」基準で判断してみた。そこから1年経ち、就職活動の時間をすべて旅費のためのアルバイトと英語の勉強に充てた私は、大学を卒業した数日後にカナダのトロントへ飛び立った。

「どうせなら、英語がたくさん話せる仕事が良いなあ」

トロントに着いてからは掲示板で仕事を募集しているサイトがあったので、さっそく仕事探しを始めた。ジャパニーズレストラン、カフェ店員、ツアーコンダクター……。いろいろな仕事があるなかで、目に飛び込んだ瞬間に「応募したい」とメッセージを送ったものがあった。

〝初心者OK。ネイリスト募集。トレーニング費用300カナダドルで教えます。〟

ネイリストなら、1対1でじっくり日常会話ができるのではないかと考え、1週間後にサロンへ面接に行って運良くすぐに採用してもらった。しかし、マニキュアのマの字も経験のなかった私には、ここから過酷な修行の毎日が待っていた。

トレーニングは2週間ほどで終わり、その後はすぐお客様に実際に施術をする体当たり方式。とくにネイルの資格を取る必要もなく、ワンカラーが主流のカナダのネイルサロンは、とにかくスピード命だ。ジェルネイルの持ち時間は45分。マニキュアに関しては30分で終わらせなければいけないうえ、「初心者だから1時間かけて良いよ」ということもいっさいない。指定された時間基準で予約をバンバン入れられていくので、終わるのが遅いとお客さんを待たせることになるか、早く終わったスタッフが代わりにどんどんお客様を取っていくことになる。勤務終了後のチップは私が一番少なく、ずっとお客様の爪に向き合っているはずなのに「Ａｎｒｉ、全然お客さんやってないじゃん」と閉店時にオーナーからチクっと言われてシュンとしながら、少ないチップを握りしめて帰る毎日だった。

ていねいにやりたい。だけどちゃんと時間内に終わらせたい。でもはみ出してはいけない。そんな葛藤と戦いつづけるも、回転率の速いサロンはクオリティよりもスピード命の世界でまったく評価されず、問題児扱いとなった。勤務していたサロンは、トロント市内で3店舗のチェーン店だったのだが、「Ａｎｒｉはものすごく遅いから気をつけろ」という連絡網が全店舗に行き渡り、あげくの果てにはちょっと混んでくるとお客さんの施術中に横でマネージャーから「Ａｎｒｉ、ハヤク」と日本語で合言葉のように言われる始末（当時のネイルサロンではお客様はほとんど現地のカナディアン、ネイリストのスタッフは韓国人、中国人、ネパール人、ロシア人、ベトナム人、日本人と7か国語対応ができる多国籍なサロンだったのだが、〝ハヤク〟という言葉はサロンの中で世界共通言語となった）。

ある日、リピーターのお客様がいつも指名するロシア人ネイリストと日程のタイミングが合わず、順番的に手が空いていた私が担当することになった。

……嫌な予感がした。ロシア人の彼女はスピードも誰よりも早くクオリティも完璧な仕上がりで、サロンでは飛びぬけたエースだったのだ。

「Hello. How are you?　Would you like to cut shorter?」

どんなお客様でも同じメンタルで施術しなければいけないはずなのに、爪を切る手がいつも以上に震える。お客様の視線が注がれているのが見なくてもわかる。甘皮を切るニッパーも手が滑り、ジェルの塗布も何度もはみ出してはやり直した。段々と、お客様の座っている姿勢が横を向き始め、ついには「ハア……」と目の前でため息をつかれてしまった。所要時間は1時間を過ぎ、完成したネイルは色ムラも激しいガタガタの仕上がりだった。

「Thank you」

震える声でお礼を伝える。お客様はなにも言わず目も合わせず立ち上がり、私にではなくお会計時にマネージャーに英語でなにかを伝えていた。全部は聞こえなかったが、「あの子はてんでダメ」「サロンの評価が下がる」「あんなものをやるぐらいならもっとトレーニングさせるか辞めさせた方が良い」みたいな耳を塞いでしまいたくなることを淡々と言っている気がした。チップはもちろん0だった。

「Anri, practice.」

どこかあきらめのような、しんみりした口調で韓国人のマネージャーに言われたその日の帰り道は、涙が止まらなかった。悔しくて、情けなくて、足は鉛のように重かった。トロントの大型ショッピングモール「Eaton Center」にある韓国料理屋さんの優しいおばちゃんにお弁当を大盛にしてもらって帰る毎日だったのだが、その日は寄らずに直帰した。

それでも不思議と、新卒採用で就活をしていた方が良かったんじゃないか、日本にいた方が良かったんじゃないかと思うことはなかった。退路を断って、1年以上準備して、覚悟を決めて、カナダまで来たのだ。一人のお客様から「辞めた方が良い」と言われたぐらいでは、日本に帰ろうという選択肢は出てこなかった。どんなにいまネイルが下手であっても、絶対にうまくなってチップをたくさん稼いで、たくさん海外を見て日本に帰るんだ。そのときの自分の表面上は涙が止まらずメイクもぼろぼろだったが、内側のメンタルは崩れていなかった。

次の日も、いつもと同じ時間にネイルサロンに出勤していた。

長年なにかに
取り組んで
いる人へ

後世へつなげたいものこそ、初心忘れるべからず

岐阜編

愛知県から北上し、次は岐阜県へ。

この日は雨。ネイル道具をガラガラと引っ張って、今回の目的地の入り口の門をくぐると、フワッと急に異空間へ入ったような感覚に陥《おちい》った。

しとしとと降る雨粒を受け入れる大きな池。その光景の先には、合掌《がっしょう》造りの大きな建物が白いもやをまといながら幻想的に佇んでいて、さながらおとぎ話か日本昔話の世界に迷い込んだようだ。飛騨《ひだ》の里運営人の玲子《れいこ》さんが開村以前のお話をしてくれた。

「ここは開村するいまから50年以上前には、池しかなかった。白川郷《しらかわごう》や、合掌造りがダムに沈んでなくなっていくさなかに寄付の話が出たので、せっかくならば色んな地方の特色ある重要な建物を移築したらどうだろうって

お話を聞いた人

飛騨民俗村・飛騨の里
運営人の玲子さん

飛騨の古民家を移築復元し、農山村の暮らしや飛騨の行事を伝える飛騨の里で敷地の管理やイベント運営を行っています

いう話が出て作られた集落博物館なの。昔は釘を使わずに、木を組み立てて作っていたから、木をすべて外して持ってきて、この地で組み立てた本物。『なぜかほっとする』をキャッチフレーズにしているんだけど、電柱もなにもないでしょう。一歩入ると、すごく落ち着くの。建物のそれぞれが、高山《たかやま》の刺し子という縫物や、この辺りで行われていた養蚕《ようさん》、飛騨の婚礼といったテーマを持って展示をしていて。それに、囲炉裏の火を毎日絶やさないようにしていて、建物は煙でいぶすと防虫効果もあるし、柱とかも黒くなって丈夫になるでしょ。囲炉裏の匂いがして、またなんだか雰囲気が変わって」

　玲子さんのたおやかな雰囲気はまさに飛騨の里の空気感そのものだった。施設の説明を受けながらパンフレットを見て、どんなネイルにしようかなと感覚を巡らせる。

ずっと変わらない価値を守る意義

「お仕事をされていて、一番好きな部分はなんですか？」
　ネイルを見にやって来た社長（取材当時）が答える。

飛騨の里では、かつての農山村の風景が再現されている

「やっぱり最初にこの場所へ入ったときの『うわあ』っていう皆さんの反応は良いね。まるでおとぎ話の世界に来たような感覚になるのかも。あとは帰りに良かったって言ってくれるのが嬉しい。何十年も前に新婚旅行で来たり、修学旅行で来たりしたっていう方は多いね」

「そのころと全然変わってないから。そういう状態をまた保っていくのが大変なのよね」と玲子さんも続ける。

ここ飛騨の里は指定管理（民間運営）になってから、市の職員だった現社長と、知り合い伝いにご縁のあった玲子さんの2人で2013年から運営されつづけている。民間としてやっていくには、経済的にも売上をあげなければいけないハードルもあり、体験できるものを増やしたり、季節ごとの催しを考えたり、数えきれない試行錯誤があったそうだ。「苦労なんてものじゃないな」という社長とその言葉に頷いている玲子さんに、尊敬と労りの意を込めながら、ネイルの手を進めていく。

「後世への伝え方でも、古いものに新しいものを取り入れて、いまの人たちにも楽しんでもらえるようにしていきたいなと思う。時代に合わせてどんどん進化しながらも、やっぱり根っこは一緒なので、そこを大事にしな

水車を利用した粉ひき小屋

がらね。年配だけじゃなくて若い人から何回も来てもらえるようにしたい」

　玲子さんの言うように、人生のさまざまなフェーズで、色んなステージで来たらまた見方も変わりそうだ。

「子供のころに来ると、なんか池で鯉に餌やったな〜ぐらいしか思わないけど、大人になると、こんなところがあったのかとか、こんな景色があったのかって思うじゃない。昔ここで餌やって楽しかったよ〜って言いながら自分の子供を連れてきてくれたりすると嬉しいもんね。人生の節目節目に来られる人がいるから。昔と同じ場所で写真撮る人も多くて。やっぱりいつまでも変わらないねって言ってもらえるのがすごく嬉しい」

　いまの時代になってもこういった風景がずっと見られるなんてなかなかないだろう。現代はもっともっと成長してどんどん変革を目指しがちだが、やっぱり昔ながらの日本の生活様式も残っていってほしいものだ。

「手入れが大変だけどね（笑）。こうやって四季折々楽しめる場所はいま少ないよね。こういう所って平坦に作っている場所が多いの。だけどここは山の地形をうまく使って、本当に自然のような作りをしてあるでしょ。来た人は『廃村ですか？』って言う。最初にこれを作った人ってすごいよね」

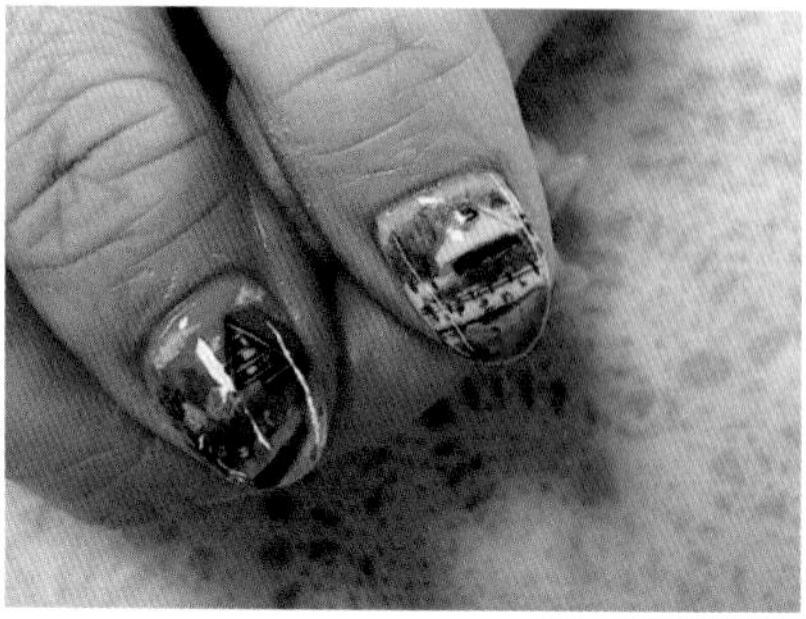

親指にはわら葺き屋根の合掌造りの四季を描く

本当にすごく前からこの地にあったんじゃないかと思うぐらい自然と一体になっていて、ここへ来る人たちもオカリナを持ってきて吹いたり、絵を描いたりと思い思いに過ごしているという。そんな風景がいつまでも残るよう、玲子さんの親指には合掌造りの風景画を施し、右手のほかの指は淡い空色に桜の枝、左には白い空に雪が降り積もった枝を描いた。

自分は毎日の光景でもお客様は初めてだからこそ

最後に、大事にしていること、今後やっていきたいことを聴く。

「初心忘れるべからずかな。私たちは毎日何回もこの景色を見ているけど、来られる方は初めての方も多いから、ていねいに説明するとか、楽しかったよって言ってもらえる接客を心がけているよ。スタッフもマニュアル通りでなくて、個性と長所を伸ばして、目の前のお客様に誠意をもって対応してもらっているわね。1日1日を大事に、楽しくやっていけたら良いな」

　毎日の積み重ねを初心の気持ちでコツコツと何年もずっとこの場所を守り、残し続けている玲子さんだからこその回答。月日が経って慣れが出てきても、ていねいに誠意をもってベストを尽くす玲子さんのような在り方

は、大事にしたいことだ。

ネイルが終わってから、飛騨の里をぐるりと一周してみた。自由に出入りできる建物の中には、昔の日本人の生活風景の様子が残されており、当時の人たちの破れた洋服は捨てることなくちゃんと縫ってまた着られるようにするなど、物を大切にするナチュラルでミニマリズムな価値観に触れることができた。

雨はおさまり、茅葺の屋根から雫が地面に水たまりとなってポタポタと落ちていくその音が、何にも遮断されることなくこの残された風景一面に響き渡っていた。

WORK

ずっと続けていることに
どんな価値や想いがあるか考えてみよう

合掌造り集落の2階以上部分では養蚕が行われていた。当時は自然と物を大事にする生活だったそうだ

自分のアイデアを
洗練させたい
人へ

色んな目線で頭を捻る自分になる

山梨編

次の行き先は山梨土産・桔梗信玄餅《ききょうしんげんもち》で有名な株式会社桔梗屋の「桔梗信玄餅工場テーマパーク」。食品関係でどうかなと思ったのだが、受け入れOKしてくれたことに驚く。渡邉さんがわけをネタばらししてくれた。

「取材のお電話は別のスタッフが受けましたが、私がネイルに興味があり、食品関係でも事務仕事をしている部署なので、プッシュしたんです（笑）」

山梨の定番お土産である桔梗信玄餅の由来を渡邉さんが教えてくれる。

「桔梗信玄餅は、山梨県民がお盆に食べる安部川《あべかわ》餅をヒントに開発されました。当時は山梨のお土産がブドウや季節ものしかなかったんです。通年販売できる山梨土産を作りたいというところから、桔梗信玄餅が生まれ、山梨の銘菓として定着していき、いまでは50年以上の歴史があります」

お話を聞いた人

桔梗屋　丸の内企画室
渡邉さん

山梨の銘菓桔梗信玄餅を製造販売する桔梗屋で、広報や新商品・イベントの企画制作、プロモーションを担当しています（当時）

渡邉さんに案内してもらい工場見学をすると、驚いたことに風呂敷の包装はベルトコンベアでひとつひとつ手作業で結ばれていた。すごい早さで次々と結ばれていく様子はなぜかずっと見ていられる。機械化が進む時代にも、人の手で心を込める部分を残して愛されるお土産を作り続けている桔梗屋さんに、手作業命のネイリストとしてはなんだか勇気をもらった。

「桔梗屋が出している商品には、社員のアイデアで商品化したものだけでなく、相談役や社長のアイデアを何十年もかけて実現させたものもあります。実際に商品化する前の試食や、商品名、パッケージ、ロゴを考えるのも企画室の大切な仕事です」

「山梨の名物といえば」と言ってもらえる

渡邉さんは販売部門を経て、企画室で新商品やイベントを考えたり、商品ポップや看板などの販促物を作ったり、メニュー表を作ったりと、日々お客様のために新しいアイデアを試行錯誤している。ゼロからイチで物を生み出すのは、無限大に構想できて、難しさもあるぶん楽しそうだ。

「商品企画や販促物の作成など楽しくやりがいがあるのですが、世に出た

お餅を持ちあげてすきまに黒蜜をかけるのが見た目もきれいなおすすめの食べ方

あとの反応はなかなか予測できなくて。『あれ、もっと反応が良いと思ったのに』といったこともあります。でも、実際に販促物を手に取ってもらったときや、商品を喜んでいただいたときは、とても嬉しく思います」

桔梗屋のお土産コーナーに実際に行ってみるとわかるのだが、想像以上に商品のバリエーションがあることに気づく。渡邉さんの手にはあの有名な風呂敷の柄や黒蜜のほかに、桔梗屋が出している桔梗信玄餅どらなどの商品も立体的に描いていった。渡邉さんがこんな言葉をかけてくれた。

「桔梗信玄餅になじみがない方々にもっと知ってもらいたいので、この出張ネイルが全国規模のプロジェクトなのがありがたいです」

食、日本酒、伝統工芸のように、日本の豊かなもののひとつがお土産文化。美味しく素敵なお土産に触れることができるのも日本を旅する醍醐味だ。続けて、企画の仕事のモットーを聴いてみる。

「自分の考えを押し付けるのではなく、その人の立場になって物事を考え、思いやりを持って仕事をすることです。私は販売の仕事から入ったので、現場のことを理解しつつ企画室の仕事ができて良かったなと思います。企画室としてはこんなイベントがやりたいけれど、お客様はどう思うんだろう

とか、準備やスタッフの動きなどさまざまな視点から考えられるようになりました」

　私自身も、ネイリストの前は会社員として営業の仕事をしており、お客様との会話でも仕事の話で共感できたり、職場でも浮かない上品なオフィスネイルをベースに個性が出るネイルアートを追求できたりするようになった。居た環境のバリエーションが多ければ多いほど、色んな視点を持てるようになると考えると、人生に無駄なことなどないなとつくづく思う。

　山形県の天童温泉でも「四方良し」という言葉を聴いたけれども、アイデアを出すときは、世の中の色んな人の目線から見て良いと思ってもらえるかを考えたい。

WORK

より良いアイデアを生むために経験しておいた方が良い環境やポジションを考えてみよう

武田家の家紋「武田菱（たけだびし）」や桔梗信玄餅どらに、桔梗を描く

なにかの
ジャンルで
突き抜けたい人へ

時代を超えて憧れられる
スペシャリストの特徴

愛媛編

5月。いままで足を踏み入れたことのなかった四国は、気候も穏やかで、どこに行っても海か山の自然と接することができ、見渡せば小さな島々が海に点在しているのがいたるところに見える。日本にはこんな景色があったんだなあと、東京から飛行機で来た私は自分にとって新しい日本の一面を味わっていた。

訪れたのは愛媛県の大島《おおしま》に位置する「村上海賊《むらかみかいぞく》ミュージアム」。〝日本最大の海賊〟がいたこの場所では、海賊ネイルをやってみようと思った（みかんも考えたが、青森県でりんごは描いたし、この際ほかの都道府県にはないであろうジャンルに挑戦）。

お話を聞いた人

村上海賊ミュージアム
学芸員松花さん

古文書から村上海賊に関する歴史の事実確認や新しい情報を収集し、ミュージアムで情報公開しています

全方位で、フラットに

学芸員の松花《まつはな》さんは最初に、多くの日本人が想像する海賊という言葉のバイアスを解消するお話をしてくれた。

「日本の海賊はパイレーツと異なり、いきなり船を襲って物を略奪することはせず、通行料と引き替えにボディーガードや水先案内など、船の安全を守るような活動もしていました。他にも色んなことをやっています。瀬戸内海の広島と愛媛を繋ぐ芸予《げいよ》諸島は人や物が東西に移動する際に必ず通らなければならない場所でしたし、海賊としても重要拠点だったんです」

「いろいろな顔があったということですね。ミュージアムを見ていると、お茶や連歌もしていたというのを見て、すごく文化人だったんだなって思いました。色んなところから伝来しているものをうまく自分たちの海上の生活にも取り入れていて」

「資料上ではまだわかっていませんが、物流に関わっていることも出土品から伺えます。海上での戦いでも、例えば毛利についていたかと思えば、大友の方についたりなど、色んな戦国大名と適度な関係なんですよね。相手

立ち寄った道後温泉のお宿の別館はイベント中で華やかだった

との距離のはかり方が上手というか」

適切な距離感でどんな相手ともうまくやっていくのは、絶妙なバランス感覚とセンスがないとできないことだ。村上海賊のアンテナの張り方は全方位で、かつどこかに偏らずフラットだったのではないかと予想した。だからこそ、どのような状況にでもスピード感を持ってベストな解を出せていたのだろう。世の中の変化が早く、複業の時代などと言われている現代でも、村上海賊たちが存在していたら存分に活躍していそうだ。

引く手あまたの海のエキスパート

「私は古文書が担当なんですが、村上海賊が海賊ではなくなった江戸時代以降の資料ってまだ整理しきれていないんです。その知られていない埋もれている古文書をひっくり返して読んで、それをみんなに伝えることができるようにちょっとずつ発掘していく作業が楽しいですね。1通の手紙じゃわからないのでほかの手紙と比べ合わせたり、書かれていない日付や年号があっても内容からいつ書かれたものなのか推測したり、もうパズルゲームです」

村上海賊が使用していた小型船である小早船（復元）

歴史を掘り出していく貴重な作業。そのパズルがはまると気持ちよさそうだ。

「色んなピースがはまり、芋づる式にわかったときが一番快感ですね」

村上海賊のどの部分に惹かれるのかも聴いてみる。

「『海のスペシャリスト』なところですかね。色んな大名が村上海賊を自分の味方として欲しがるわけですよ。例えば毛利と織田の戦いである第一次木《き》津《づ》川《がわ》口《ぐち》の戦いで、あの信長の水軍が大敗北を食らっていて、そのあと必死で（信長は）瀬戸内の海の勢力に声を掛けているんですね。そのくらい引く手あまたで皆に頼られるエキスパートなんです。海の戦いでは右に出るものがいないぐらい強いし、海上援護もやってくれるし、味方につけていたら最強だなっていうところがすごくカッコイイですね」

キラキラとした表情で熱く語ってくれた松花さんから、村上海賊のプロフェッショナルさがひしひしと感じられた。もともと毛利氏と村上海賊の研究をされていたという松花さん。このあともさらに推しポイントである村上海賊の住まいである海城《うみじろ》・能島《のしま》城の魅力が続く。

私も聴いていて、もっと彼らのことを知りたくなってきた。最後に、松

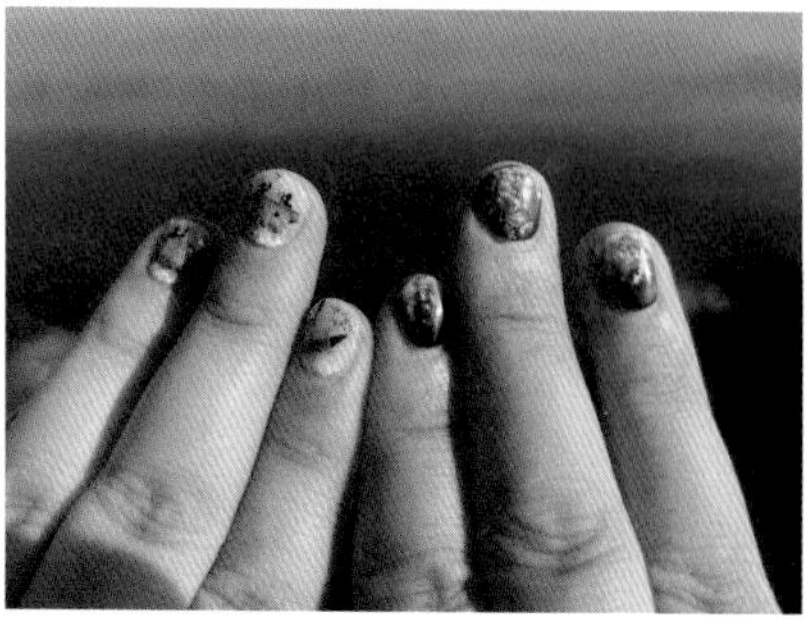

右爪は瀬戸内海の海を、左爪は村上海賊の船をイメージ。合わせると海上に海賊船が浮かぶ

花さんは仕事で大事にしていることを教えてくれた。

「資料って博物館の中にあるだけじゃ埋もれてしまって、誰にも見つからないじゃないですか。それをいかにわかりやすくして、色んな人に知ってもらえるようにできるかが私の仕事だと思っています。埋もれている資料を輝かせたいですね。倉庫や家にずっと残ってきた物や資料も、それが大切じゃないものって判断されると捨てられるわけじゃないですか。価値がわからないと、みんな要らないものだと思ってしまう。大切なものだよってみんなに知ってもらうことで未来に残っていくと思うので、魅力をどんどん伝えていきたいです」

忍者や侍と同じぐらい、日本の海賊にも日本ならではの洗練されたメンタリティがあることをこの1日で知れて、世界的にもっとその格好良さを知って欲しいなという気持ちが芽生えたが、村上海賊の存在と魅力は、愛媛に来るまでは知らなかった。日本各地に特有の歴史があり、それを語り継ぐために奮闘している人がいることを体感すると、その土地と歴史が残り続けてほしいという想いが自然とわいてくる。ネイルをさせてくれたスタッフの青野さんに車で今治市《いまばり》まで送ってもらう途中、日本でも屈指の展

展望台から見えた瀬戸内海と島々

望スポットといわれる亀《き》老《ろう》山《さん》展望公園を案内してもらった。

「ここに海賊がいたんだ……」

パノラマ展望台ブリッジから雄大に広がる穏やかな瀬戸内海を眺め、時代を超えてなお語り継がれる彼らに畏敬の念を持つ。

WORK

フラットな目線で周りの意見を聴き、
自分のスペシャリティのなかに取り入れてみよう

がむしゃらに
頑張っている
人へ

坂本龍馬の意外な人間裏話

愛媛に続いて向かった先は高知県。南側のど真ん中に面する桂浜《かつらはま》をざくざく歩いていくと、誰もが知っている幕末の偉人の銅像が立っている。（所説あるが）薩長同盟の立役者となり、大政奉還の実現にも貢献した坂本龍馬だ。
28歳で土佐を脱藩し、日本をより良くするために全国を奔走した彼の人生。当時の彼もさまざまな意見や価値観を聴いてまわっていたであろうことを考えると、彼の生き方にも現代に繋がるヒントがあるかもしれない。高知県ははじめから坂本龍馬を題材にしたいと思っていた。偶然にも、私も同じ年で全国を巡っているのを考えると、ますます来《きた》るべくして来たような気持ちになった。

高知編

お話を聞いた人

高知県立坂本龍馬記念館
広報　河村さん（当時）

坂本龍馬記念館で企画展示の内容を考えたり、イベントの企画運営を行ったりして坂本龍馬の人生と業績を伝えています龍馬像から林の道を抜けてちょっと歩いたところに、海を一望するように高知県立坂本龍馬記念館がある。龍馬の人生とその時代にどんな出来事があったのかを、貴重な資料群と愛らしいタッチの絵でコミカルに展示している施設だ。

記念館の広報である河村さんは、龍馬の魅力をこう語る。

「龍馬の人生を見ていると、人との出逢いって大事だなって思うんです。とくに勝海舟と出逢ったことで、人脈も視野も広がって、自分のやりたいことをやっと見つけたような感じで。強運の持ち主でもあったんでしょう。あんなに忙しくパタパタ全国走りまわっていてすごく大変なことがいっぱいあったはずなのに、あまり深刻さを感じない手紙もけっこうあります」

施設を見てまわって、龍馬さんに対してすごくポジティブ人間なイメージがついた。しかも「こんな僕を弟子にするなんて勝海舟さんはいい目をしてるね」みたいなことをお手紙でお姉さんに書いているのを読み、「あ、そんな感じなんだ」と思った。なかなかに自己肯定感が高めだ（笑）。

河村さんは、初めはあまり龍馬さんに対して良い印象を持っていなかっ

「シェイクハンドぜよ!!」と手をさし出す龍馬像（新型コロナウイルスにつきこのときは握手できなかった）

たが、ほかの学芸員の話を聴き、資料を読むうちに、どんどん龍馬へのイメージが変わったそうだ。

「龍馬は名言も色々残していますが、お姉さんが出家したいぐらい気を病んでいるときにも、『ハイハイ大変面白いことを兼ねて思いつきおり申し候』って言ってて。はいはい面白いねみたいな（笑）。ヒーロー龍馬というよりも、人間臭い面があるんですよね」

「けっこう深刻だったでしょうにね、お姉さんは（笑）」

考えを発酵させていたからこそできること

「ほかにも、お父さんが龍馬に渡した手紙に『第一ちゃんと勉強しなさい、第二無駄遣いしちゃ駄目、第三に女の子のお尻ばっかり追っかけちゃ駄目』と書かれているんです。ひょっとして高知に行ったときに無駄遣いとか、女の子追いかけまわしてたのかなぁと。じつは龍馬のお家は金持ちなんですよね。子どもたちに話すとみんなびっくりするんですが」

たしかに意外だ。自分の生活が危ぶまれていたわけでもないのに、なにがそこまで龍馬さんを揺さぶって、日本を変えるべく奔走したことにつな

幕末の情勢を旅行ガイドや季刊誌に見立てたユニークな展示

がったんだろうか。

「資料としては残っていないのではっきりしたことはわからないですが、決して最初から龍馬が日本のために奔走していたわけじゃなくて、黒船を見たりいろんな人と関わったりするなかで、考えに考えて、煮詰めていたんじゃないですかね。龍馬が脱藩してことをはじめた28歳は、当時ではけっこう遅咲きだったと思うし、逆にそれまで自分の中で考えを発酵させていたのかもしれない。史実には残っていないところで色々試行錯誤していたんだと思います」

なにかやりたい、なにかやらなければと思い、それを実行に移すまでにいたる期間は人によってさまざまだ。その期間が長い方が良いか短い方が良いかは状況や人によりけりだろうが、「世の中の動きを目の当たりにしながら考えを発酵させていた」という（当時にしては）遅咲きの龍馬さんのスタンスには、学べることがありそうだ。

「脱藩《だっぱん》して何度困難なことがあってもめげずに立ち上がり、頑張るところも、時代を越えてみんなに訴えかけるところではないかと。そしてやっぱり、真面目一辺倒《いっぺんとう》じゃいかんということですね。ダメなところがあっても、

人に愛されるなにかがあったんでしょうね。だから、手紙を通して龍馬の人となりも感じてもらえると思います」

遊び心、面白がる心を、人生をかけて持つ

「ひらがなで書いているので、外国の方に『この〝せんたく〟はwashですか？　selectですか？』って聞かれたことがあって。考えてみたらなかなかこんな言葉はスッと出てきませんよね」

後世に残るオシャレな言い回しにも、面白く生きていきたい龍馬さんの性格がどことなく表れている気がする。遊び心はいつの時代になっても愛される秘訣なのかもしれない。そしてこのユーモア精神は土地柄なのか、高知で出逢った方々も気さくで、心を開いて明るく接してくれる人ばかりで、高知が大好きになった。

「ひろめ市場行かれました？　高知のおんちゃん（おじちゃん）がよく、昼間から飲んでいるところです（笑）」と河村さんにおススメされて、帰りに立ち寄り日本酒とイイダコの唐揚げ、そしてカツオの刺身に舌鼓を打った。

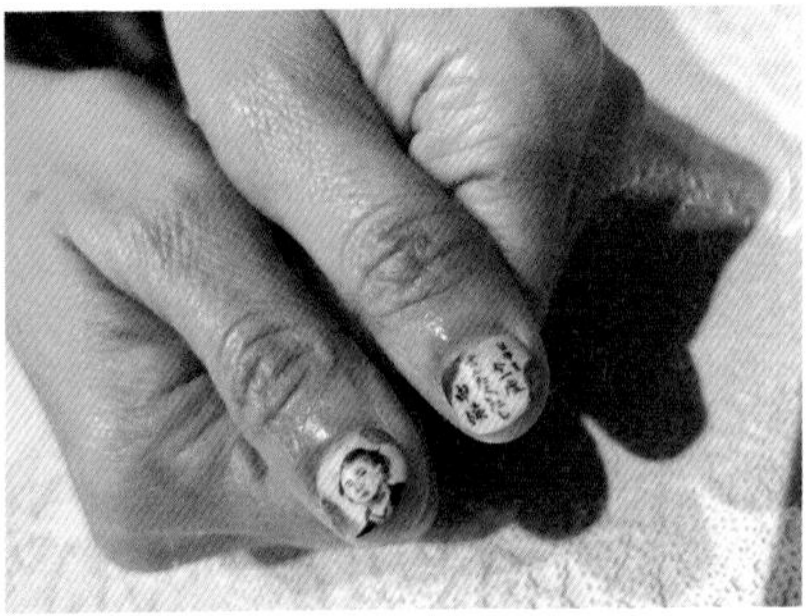

親指には龍馬の顔と名言「日本を今一度せんたくいたし申もうし候そうろう」を施す

イイダコの唐揚げもピリッと甘辛なソースで、辛口の日本酒に合うこと合うこと。

地元の人たちの大きな笑い声、乾杯の声、店員さんの勢いある呼びかけ……。ほろ酔いになりながら、ひろめ市場の活気ある空気も味わった。

同じ年齢で日本全国を飛びまわった歴史的な同志（勝手にそう思っている）の龍馬さんから、いつなんどきもユーモアを忘れずに、真面目だけではいかんぜよ、と感化されたような1日だった。現代に生きる私自身も、もっと柔軟に、もっと面白く、どんな状況でも遊び心を持って奔走したい。

WORK

すぐに実行した方が良いことと、
じっくり発酵させたいことを考えてみよう

次の行動がわからない人へ

人の目線は、どこに向いているのだろう

徳島編

高知県から北上し、次なる場所は徳島県。鳴門うずしお大使の井津元《いづもと》さんは、自分の生活をなにかしらの形でもっと充実させたいという思いから、鳴門の知り合いから誘いを受け観光大使に挑戦したという。なにかを変えたいと思い始めると神様はその〝なにか〟を用意してくれるのだろうか。

自分でアンテナを張るようになる

井津元さんは観光大使になってから、意識に変化もあったという。

「いままではぼんやりと鳴門を見ていましたが、観光大使になると鳴門の良さがよりわかりました。自分にとっては当たり前の場所が、あらためて見て知っていくとすごく魅力たっぷりな観光地だと思うきっかけになりま

お話を聞いた人

鳴門うずしお大使（当時）
井津元さん

鳴門市の観光PRをメインに、ラジオ出演や鳴門のイベントやセレモニーに参加し、鳴門の魅力を伝えています

した。四国八十八か所のお遍路《へんろ》の、一番札所《ふだしょ》（スタートのお寺）が鳴門市にあるんですが、普段は適当に見ていたところが、『ここから鳴門の歴史が始まっているんだ』って。渦潮《うずしお》も、観光大使になって勉強するとやっぱり渦の見え方がちがうんです。世界各国から旅行客が訪れる渦潮の魅力をＰＲできる立場になれたことを、とても光栄に思えるようになりました」

47都道府県でちらほら耳にすることが、「意外と地元の人が地元のことを知らない」ということだ。

井津元さんのように、自分で行動を起こして積極的に知って発信するきっかけ作りをしてみると、その行動を起こしたフィールドで視野が広がり、感動の深さや解像度が変わってくるんだろうな、自分自身がアンテナを張るようになるのだ、と感じる。

「あと自分が気になる以上に、観光客の目線が気になります。なにを思って鳴門に来てくれたんだろうって考えるようになりました。機会があればインタビューしたいですね。県外の人にしかわからない魅力ってきっとあるじゃないですか」

時速20kmにもなる鳴門の渦潮は、パンフレットをよくよく見ると真っ青

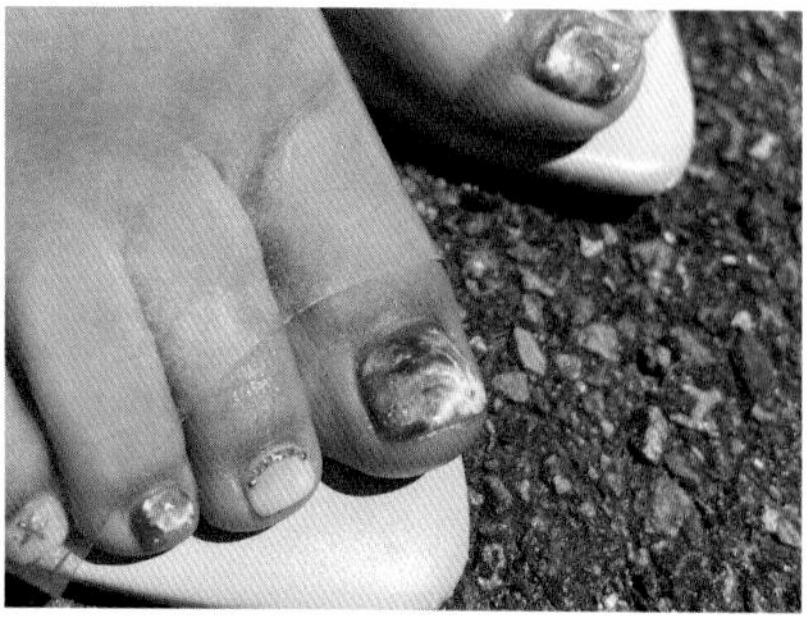

鳴門の渦潮をフットネイルに表現。足元を涼やかに

というよりは絶妙なエメラルドグリーン。

「鳴門の渦潮は世界三大潮流のひとつと言われていて。日本だとこんな渦が生まれる景色が見られるのは鳴門だけなんですよね。激しい潮流と穏やかな潮流がぶつかり合うことで渦ができるみたいで。瀬戸内海で養殖されているワカメも身が引き締まってコリコリしていて美味しいですよ。徳島ラーメンや、ほかにもなるちゅるうどんとか」

一期一会じゃないですか

「観光大使の活動で井津元さんが大事にしていることはなんでしょう?」

井津元さんはにこやかに答えた。

「この人とお話できて良かったなって思ってもらえるように、なによりも笑顔と思いやりを大切にしています。一人ひとりのことを思いやってお話をしたり行動したりするのを大事にしていて、少しでもその時間が楽しかったなと思っていただけるような空間づくりを意識していますね。観光大使の経験をもっと活かせないかなと思って、なにかしらで形にできたらと思います。私にしかできないことって多分あると思うので」

世界三大潮流のひとつである鳴門の渦潮

きっとその想いが感じられて、観光大使に選ばれたんだろうな。

ネイルが終わってから、お話を聴いたうえでワクワクを最高潮にして渦潮を見に行った。うずしお観潮船「アクア・エディ」はなんと海の中で渦潮が作られていく様子も観ることができ、上からも大迫力の様子を観ることができる。早速船に揺られて渦潮ができるところを間近で見た。

「ああ、ホンモノの大自然には敵わないなあ……」

これが正直な感想だった。渦潮ネイルもとっても綺麗にできてうまく表現できたつもりになっていたが、実際の渦潮を目の前にするとその躍動感や波の割れる音、生まれては消える一連の動きと、なにより晴天の下で煌めくエメラルドグリーンがとっても美しく、圧倒されっぱなしだった。

WORK

人がどんなところを見ているのか、目線を意識してみよう

渦潮ができるところを見ることができる観潮船「アクア・エディ」（要事前予約）

発信を
ためらっている
人へ

自分が思っている以上に、未来の自分と他人の反応はわからない

四国も残すところラスト1県。徳島から電車で移動し、高松に降り立った私は讃岐うどんを食べてから目的地へ向かった。高松港から船で30分ほどの小豆島では、島に行くまでの海の景色も、この地の空気感も、東京にいては味わえない、なんともいえない落ち着いた気持ちになる。船を降りてから、その道を渡ると幸せになれると言われているエンジェルロードを見に行くも、残念ながら潮が満ちてしまっていた。これで再訪する理由ができたと前向きにとらえ、白い風車が見える方向へ向かう。

道の駅小《しょう》豆《ど》島《しま》オリーブ公園スタッフの柴崎さんは小豆島で生まれ育ち、一度島外へ出たあとにアルバイトのつもりで戻ってきたものの、気が付けば10年以上この場所でご縁が続いているという。

香川編

お話を聞いた人

道の駅小豆島オリーブ公園
柴崎さん

小豆島へ来た観光客の案内や対応、オリーブの振興と啓蒙を目的のひとつに作られた道の駅の発信をおこなっています

「小豆島の南東にある海は内海《うちのみ》湾というんです。仕事に来るといつも眺められますが、毎日新鮮で感動しますね。綺麗やなあって」

小豆島のオリーブ栽培はさかのぼること100年ほど前に始まり、園内にはオリーブ畑もあって、清浄で穏やかな空気で満たされている。

選択肢の多さと幸せの大きさは必ずしも比例しない

「高校卒業して大学進学するときは、なにもないところみたいな感情を持っていたんですが、帰ってくるころには『なにもないけどなにかちゃんとある』というか。抽象的ですけれど、自然、景色もあるし、美味しいものもあるし。娯楽や進学、就職先の選択肢は都心と比べたら少ないですけど、そのなかでちゃんと幸せに暮らしていけます」

選択肢の多さと幸せの大きさは必ずしも比例しないのではと、じつは四国を巡りながらすごく感じていた。豊かすぎるがゆえの悩みなのか、目先のものを見てなにが正解か迷い、急ぎ、半ば焦りみたいなものがつねにあった。でもこの小豆島を歩いていたら、海が綺麗だったり、風が気持ちよかったり、小鳥のさえずりが聞こえたりして、「どうしよう」と考える気持ちも

道を渡ると幸せになれると言われるエンジェルロード（天使の散歩道）

焦りではなく、穏やかではあるもののワクワクしながら「どうしていこうかな」という前向きな気持ちになっていた。

柴崎さんはこうも言う。

「最近地方移住が取り上げられますが、この場所に引っ越して来た人に聞くと、『旅行に来て良い所だなと思って移住しました』みたいな方も少なくなくて、あ、観光ってそういう役割もあるんだなと。住もうかなって思ってくれるきっかけにもなる」

柴崎さんの言葉に大共感。「私も四国は旅だけではなくて数ヵ月ぐらい滞在したいなって感じました！」

そんな四国での毎日の仕事で、柴崎さんが意識していることってなんだろうか。

「せっかく来るからにはがっかりして帰ってほしくないんですよね。やっぱりエンジェルロードみたいに条件揃ってないと見られなかったり、空いている飲食店が見つからなくて食事難民になったり、どうしようもないこともありますが、『それはできないけど、こっちだったらこれがあるよ』って作戦Bも提案できたら良いなと思いつつやっています」

オリーブ畑の中を歩くとすがすがしい気持ちになる

意外と作戦Bが思い出の場所になったり、人から教えてもらって行ったら想像以上に良かったりすると、それが旅した醍醐味になるものだ。

熟した度合いによって色を変えた3種類のオリーブカラーと実際のオリーブ模様、風車を親指に描いた。

これがいまの私のベストです

柴崎さんは今後この場所でどんなことをやっていきたいのだろうか。

「いまはオリーブのフォトジェニックな部分の発信を増やしていきたいなと。FacebookとかXで、おもに営業情報の更新をしているんですが、オリーブの写真載せるとすごく皆さん反応してくださるので、できればそれを自分のカメラでやるのを目標にしています。カメラは追いかけていくとすごく深い世界なんですよね。だからたまには『できてる、大丈夫』って自分を褒めながらやっています（笑）。写真って上手な人がたくさんいるけれど、変に比べたり、こんなのを載せたら笑われるんじゃないかとかは思わないようにして、『これがいまの私のベストです』って堂々と載せます。うちはオリーブパートナーという、年会費のお返しに季節のオリーブを送る

オリーブ公園のアイコニックな存在である風車を親指に

サービスがあるんですね（現在は終了）。その募集のお知らせで使う画像は、今年は９割ぐらい自分で撮った写真だったんですけど、それも『良かった、ちゃんと今年も撮り続けてる！』と思って（笑）。そうするとまた頑張れますよね」

私もネイルを仕事にするか考えていたときは、「ほかにもっと上手なネイリストなんてたくさんいる」という感覚が出たり引っ込んだりしていた。それでも私に頼んでくれて、喜んでくれる周りの友達が一人、また一人と増えていき、そのお陰でいまのいままで続けられたのがとてつもなく大きい。毎回少しずつ自己ベストを更新していくこと、そしてその自己ベストを自分がしっかり見て認めていくことで、本当の実力になっていくのだ。

「Ｘも、営業情報では〝いいね〟は数人なんですよ。でも桜の時期に、今年は桜とオリーブを一緒に写して載せたら１００以上のいいねがあって。そうだよね、こういうのをみんな見たいんだよねって気づきがあったりして。やらない理由なんていっぱいあるけど、やっぱり続けていれば発見がありますよね」

どんな場所にいても、どんな状況でも、目の前のことを楽しく試行錯誤

実写映画「魔女の宅急便」のロケセットが移築された小豆島オリーブ公園

していくことで新しい発見がある。それを教えてくれた人たちに、この四国旅でたくさん出逢えた。私も、穏やかに前向きに、自分自身の人生にベストを尽くしたい。そう思いながら、瀬戸大橋を渡る帰りの電車の窓から外の雄大な海を眺めつづけた。

WORK

「自分できている！」と思える自分の努力を
いま一度振り返ってみよう

自分の生きがいを
深掘りしたい
人へ

「好き」をさらに超えた仕事の考え方

茨城編

6月某日。原宿でネイルを終えて急いで東京駅へ向かい、そこからバスで40分。辿り着いた先には、大きなロケットと、大量のお土産を両手に抱えたもう一人のネイリストが立っていた。

「「やっほ〜〜〜〜〜!」」

今回の茨城編は初のタッグで参戦。宇宙が大好きなネイリスト友達のaco。SNSで知り合った仲だが、初対面の場所は「JAXA筑波《つくば》宇宙センター」というなんとも壮大なシチュエーション。

JAXAは宇宙航空研究開発機構（Japan Aerospace Exploration Agency）の略だという。今回は特別に展示館「スペースドーム」の中で（!）国際宇宙探査センター事業推進室の大谷さんに宇宙のあれこれをお伺いした。大

お話を聞いた人

**JAXA筑波宇宙センター
大谷さん**

国際宇宙探査センター事業推進室でJAXAの事業に関する内容の発信や他業界と連携して活動を行っています（当時）

きな宇宙と、小さな爪の仕事がコラボレーションしたこの日は、小さいころに宇宙飛行士に憧れていた私とacoにとって夢のような時間だった。

取材開始すぐ、acoがいきなり前のめりに質問する。

「1個質問いいですか？　宇宙って、時間はイギリスグリニッジ基準じゃないですか。通貨って何になるんですか？　ずっと気になっていて。将来私ムーンワーカーになりたくて。どこが一番有力候補ですか？」

（少したじたじとして）JAXA筑波宇宙センターの大谷さんが答える。

「……えーどうなんですかね、考えたこともなかった（笑）。お金の話はまだなんですけど、例えば将来的に月で探査する資源に関するルールなどは、いま議論が進んでいるところです。でもそれはまだニッチでこれ言っていいのかな、なんかけっこうぎりぎりのこと言ってる気がします、私（苦笑）」

……acoの1個どころではない質問の流星群に、私も大谷さんも少したじろいだ。

地球人のみんなに、可能性がある

大谷さんはどうしてJAXA筑波宇宙センターで働こうと思ったのか。

宇宙食や宇宙を旅した乳酸菌、通称「宇宙乳酸菌」を練りこんだグミなどのお土産。好奇心を刺激され散財

「昔から星を見るのが好きで、私も宇宙飛行士になりたいときがありました。ただ、宇宙関係の仕事をするためには理系に進まないとなって思っていたんです。でも高校ぐらいから英語に興味を持ち始めて文系に進み、大学時代は留学もしました。自分の将来に宇宙という選択肢はなくなったと感じていたのですが、就活でふとＪＡＸＡの募集要領を検索すると、文系でも受けられるお仕事があることを知って。じゃあせっかくだから、チャレンジしてみようと。採用面接も、もう楽しもうって（笑）。『あなたはなにがやりたいの』という問いに、『ＪＡＸＡで培った技術や知見が、日本の社会や地域に還元されてほしいです』と答えたら、『宇宙に向くのではなくて、地球に還元したいんだ』と面接官が驚いて、面白いねって言ってくれて。就職活動も楽しかったし、受かった！　やったー！　って感じでした」

　大谷さんの「もう楽しもう」の言葉は、やってみたいけど本当にできるのか未知数の挑戦にはもってこいの魔法の呪文かもしれない。肩の力を抜いて楽しくやってみる姿に、周りも一緒に働きたくなってくるのだろう。

　ちなみに、事前にInstagramでフォロワーにＪＡＸＡへ質問したいことを聞いてみたら、「宇宙人はいますか」「ブラックホールにはなにがあるん

国際宇宙ステーション「きぼう」日本実験棟の実物大モデル。中で撮影もさせてもらった

ですか」みたいな質問がいっぱいだった。こういったことも探索中なんだろうか。

「そうですね。あまりに壮大で突飛にも見えることを自分が解明するんだ！　というのがここではできるから、ロマンがあります。チャレンジできる人やことが、まだまだたくさんありますよ！」

続けてａｃｏが大谷さんに聴く。「これからＪＡＸＡで働きたい人は、どのようなスキルが必要なんでしょう？」

「私の場合は留学もしていたし、自分の強みは英語だと思って入ったんですけれど、『いまは英語だけじゃ足りないよ』って先輩に言われて。あと、『宇宙が好き』じゃなくて、『宇宙を使ってなにがしたいか』が大事だよねと。ここに明確なものがあると強いんだろうなと思います」

現在やっていること、やりたいことが、ただ「好きだから」だけでも幸せだが、その一歩先を考えられているだろうか。自分の仕事も反芻した。

大人になっちゃった人も、まだ遅くはないよ

大谷さんに今後どんなことをやっていきたいのか聴いてみた。

「これから月や火星の探査に、ＪＡＸＡだけじゃなくて、民間企業やベンチャーの皆さんにもっとどんどん参入して欲しいんです。子ども時代のロマンや夢だけじゃなくて、もっと自分ごとに、身近に感じてほしい。もう大人になって異業種で働いている人でも、なにかしら宇宙に関わることができるんだよということを伝えたいです」

　ａｃｏが続けて聴く。「どうすれば異業種の人が携われるのでしょう？」

「それが課題なんです。すでに企業さんとの連携やバックアップを専門にやっている部署があって。まずは共同研究から始めましょうって一緒に研究をするようなところですね。そういう枠組みはあるので、色んな人に知ってもらいたい。技術職の人だけではなくて、国際調整や法律、予算の調整を行う人などがチームになって仕事をしていることを講演で話したとき、高校生から文系でも携われるなんて思ってもみなかったと言ってくれて。たくさんの人が大事な役割を担っているんだよと発信することが大事なので、私も広報活動を頑張っていきたいですね」

　最後にできあがった２人のネイル作品をせーので見せ合い、ネイルと宇宙の壮大で可愛い化学反応を存分に楽しむと、とても遠い存在だった宇宙

宇宙が大好きなaco（左）と髪も宇宙色でおそろい。ａｃｏはなんと福岡からこのプロジェクトのために駆けつけてくれた

が気づくとすごく近くなっていた。自分は文系だから、〇〇だから……と決めつけて道を選択しがちだが、可能性あふれる宇宙と、ＪＡＸＡと、大谷さんに固定概念を外してもらった。

挑戦するという行動自体は、自分たちが思っていたよりもはるかに簡単にできる世の中なのかもしれない。小さなネイルの仕事で、大きな世界に向けてなにがしたいか。ガガーリンのように地球を見つめる自分を想像して、いま一度考えてみる。

WORK

好きと興味で選んだ先にある
それを使ってなにをしたいのかを考えてみよう

aco作「月と火星をイメージした、神秘的なちぐはぐネイル」

葛藤や軋轢が
生まれている
人へ

最適解への道は、リスペクトすることから

長野編

「47都道府県ネイルプロジェクト、俺も一緒に参加したい！　車出すよ！」

せっかく日本をまわっているから、日本らしいことに関わろうと思い、お茶と能のイベントにプライベートで行ってみた。場所は山梨県道志《どうし》村にある養老の森だったのだが、そこで出逢った動画クリエイターのゆうたさんとすっかり意気投合し、次の長野県から撮影同行してくれることになった。森で出逢った旅の仲間と向かう最初の目的地も、軽井沢の森の中だ。

柳原さんは動物保全に取り組む団体の名前、ピッキオの意味を教えてくれた。

「ピッキオはイタリア語で〝キツツキ〟という意味があります。キツツキは色んな生き物たちに住処《すみか》を提供する森の大工さんで、豊かな森を象徴す

お話を聞いた人

ピッキオ
柳原さん、アメリアさん

柳原さんは広報としてピッキオの活動を発信し、アメリアさんはインターンを経て熊の保護活動をしています

る鳥です。未来にまでこの森と豊かな生態系を遺していくことを目標にしている私たちは、その名前をもらって活動しています」

　具体的にどのような活動をしているのだろうか。

「森の守り方は色んな形があって、例えば法律の網をかけて罰則規定を設けるとか、手つかずの原生林を買い取ってそこに人が入られないような状態を維持する活動もあります。私たちがやっているのは、〝エコツーリズム〟という守り方で、実際にそこに豊かな生態系と生き物たちがいることをお客様に伝えることで価値を見出してもらう観光形態をとっています。『生き物ってすごい！』ということを皆さんに知っていただいて、その実体験で良いなと思ってもらうことが未来に生き物たちをのこしていく小さな一歩だと考えています」

　お話を聴く前に実際にそのピッキオのツアー「野鳥の森ネイチャーウォッチング」に参加させてもらったのだが、参加する前とした後で生き物たちへのリスペクトが段ちがいに変わった。なかでもオトシブミという甲虫が、卵を産んでからネイルを1色塗るぐらいの時間で葉っぱをゆりかごのように丸めていく様子は、手際の良さと遺伝子レベルでそれができて

新しい仲間になってくれた動画クリエイター＆カメラマンのゆうたさん

いることに感銘を受けた。日々の生活のなかでは人間世界のことばかりで自然や生き物たちへの意識や配慮は薄くなりがちだったが、こうして自分が体験をしてみるとそれを大事にしようという気持ちが芽生えることをこの数時間で実感した。逆をいえば、体験しないと大事にしようと思えるものは少ないのだ。

Like softy, kindly.

柳原さんの説明はもうひとつの大事な活動の話に変わる。

「軽井沢町から委託を受けてピッキオの専門チームで熊との共存に取り組む活動も担っています。軽井沢は森の中に人も野生動物も暮らしている場所で、『山から熊が下りてきた』と言っても実際は熊がいる場所に私たちが暮らしているというところでもあるんですね。ちょっとした軋轢《あつれき》があるからと言って、すぐに殺すということではなく、〝個体管理〟をすることで共存していけるように動いています」

　熊1頭1頭を捕まえて発信機をつけて、そして山に返して、名前を付けて、オスなのかメスなのか、何才なのか、子供は連れているのかなどカル

キツツキなどの野鳥やむささびを見られるネイチャーツアーの様子

テを作って行動を見ていく。さらに、市街地に出てこないようにピッキオの専門部隊が「ベアドッグ」という犬を連れて、朝4時から軽井沢の住人や観光客の活動が始まる朝8時まで、山の奥に熊たちを追い払うパトロールをしているのだ。軽井沢は、優雅な避暑地というイメージがあったのだが、じつはこのようなチームが動いていたとは知らなかった。

「保護管理チームの目標は、人身事故ゼロ。農作物やゴミを荒らされるといった熊による被害ゼロ。そして、個体群の維持。被害ゼロ事故ゼロにするには熊を全部殺せば良いとなりますが、殺さずに残していくのも同時に達成することが我々のミッションです」

柳原さんからピッキオの活動を聴きながら、アメリアさんに施していくネイルは森の生態系を表現した動物ネイルだ。同世代でイギリス出身のアメリアさんとは、ネイルしながらガールズトークにも花が咲いた。

「最近本当に結婚式すごく多い（笑）」

「世界共通なんですかね。周りの友達がどんどん結婚してくと、やっぱり少しそわそわしませんか？（笑）」

「そうだね。ここはすごく良い場所だからみんなに案内したい。でもやっ

たくさんの森の生き物に出会える「ケラ池」のほとりにあるピッキオで

ぱり自分のソーシャルライフ（プライベート）は静かかな（笑）。イングランドの友達は、赤ちゃんも2人生まれたし、ベストフレンドは来年結婚する。ほかの友達は30歳になったけどいまからまた勉強するって言ってました。それはちょっと安心したけど（笑）。だからまあいつでもいいんじゃない？って思っている」

じつはこのプロジェクトを考え始めたときも、27歳から28歳の自分にとっては自由に動けるラストチャンスぐらいに思っていたのだが、それも固定観念でしかないのだ。大学で動物学を専攻して、日本に来て文化や生態系を研究しつづけ、ピッキオで活動されているアメリアさんとは、自分の女性としてのライフステージに時に葛藤を覚えながらも、好奇心と信念を追い求める世界共通の同志のような気持ちが勝手に沸いていた。

最後に必ず質問していることを聴いてみた。

「お仕事のなかで、なにを大事にしていますか？　英語で、モットー？ What are the important things to consider when doing your job?」

アメリアさん、柳原さんは答える。

「熊に優しくしたい。Like softy, kindly.」

熊、キツネ、鳥などをさまざまな緑色のニュアンスをベースにフワッと描いていく

「熊の足に発信機をつけたり、捕獲したりするような熊にとっては迷惑なことを私たちはしていますが、彼らに還元するために重要なことだとも思っているので、熊に対してもきちんとケアしていくことは大事だと思っていますね」

複雑な葛藤や軋轢というものは、自分自身の気持ちから他人との人間関係のこと、他の生態系との関係性や地球環境にいたるまで規模はさまざまだが、ありとあらゆる場所で起こっているし、発展したいまの時代では物事は複雑で、ストレートにいかないことも多い。ピッキオのネイチャーツアーや柳原さん、アメリアさんとの1日を通して「尊重」「リスペクト」という言葉が何回も頭に浮かんでいた。

WORK

葛藤しているならば、どちらかを無視することなく
一度尊重して受け入れてみよう

やりたいことが
現実になって
いない人へ

前に進みたいときは、まず言葉にしてみな。

群馬編

群馬県高崎《たかさき》市。日本一の生産量を誇る伝統工芸品〝高崎だるま〟が有名なこの町は、駅や道路のいたるところに色んなだるまが置かれていた。

　腹ごしらえに味噌だれこんにゃく定食を食べつつ、今日お会いする人のInstagramにもう一度目を通す。年間7万体を生産する会社で、11か国にだるまを展開、3カ国語を話せる5代目だるま職人の中田千尋《ちひろ》さんは、スマホの画面上でも活き活きと輝いていた。大門屋は創業100年の伝統技を継承しつつ、桜だるまに紅葉のだるま、ロゴを入れてくれるロゴだるまにいたるまで斬新なデザインのだるまも日々開発している。

　高崎駅からバスに乗り換えて、川沿いを歩いて数分。大門屋のお店の中は、これからたくさんのお願い事と一緒に目を入れられるであろう大小さ

お話を聞いた人

だるまのふるさと大門屋
5代目だるま職人千尋さん

だるま職人の父の後を継ぎ、現在は代表取締役兼国内外からのオーダーで伝統と最新を掛け合わせただるまを作っています

まざまなだるまさんがビシーっとお出迎えしてくれた。

だるま職人。普段なかなかお会いすることのない職業だが、5代目だるま職人の千尋さんにお伺いする。

「昔からだるま職人を目指していたのですか？」

「全然。大学生のときは見た目が可愛いからCAになりたいなと（笑）。国際学部にいたんですが、3年になるころには友達がアメリカとかヨーロッパとかおしゃれな国を専攻するなかで、私は日本文化を選んだんですよね。だるまの歴史について卒論書いたことがきっかけで、だんだんとだるまに帰ってきた感じです。どこかで一番になりたいと考えたときに、だるまだったらなれるかもしれないって思って実家に戻ってきたんです。でも、甘かった。社会人の始めは人生で一番辛い3年間を過ごしましたね」

けっこう厳しくお父様から教えられる感じだったのだろうか。

「しごかれるどころじゃなく、まったく教えてくれない。朝おはようございますってあいさつすると、『また来たのか』みたいな。しんどかったですね。会社で過呼吸になったこともあったし、突然円形脱毛症になったこともあった」

代表作の「アマビエだるま」に絵付けをする千尋さん

SNSで見ていたパワフルな千尋さんにも、最初はそんなことがあったのか……。そこからどのようにいまの世界展開に繋がったのだろう。

「入って3年後ぐらいにもう本当に無理だと思って、1回会社を飛んだんですよね。コロナ前は年間1万人ぐらい絵付け体験で海外からお客様を受け入れていて、外国語を話す人が必要だったんです。それで父が私を戻して、その後に中国語にも縁があったりしていまにいたります」

覚悟が決まれば身体は動く

「そこから半年で中国語は習得しました。これって決めたらやるんですよ、私。絶対やる。Instagramにも『私中国語習得します！』って書いて、言っちゃった以上習得しないと恥ずかしいじゃないですか」

宣言したからにはやるっきゃないと、自分を奮い立たせる背水《はいすい》の陣戦法。半年前に「47都道府県出張ネイルします！」とネイルのお客様一人ひとりに話し、Instagramのストーリーでパブリックにも宣言していた私は、千尋さんのスタンスに大いに共感した。少し勇気を出してまず宣言すれば、覚悟が決まってとにかく身体は動くのだ。

人気のだるまをお伺いしてみる。

「いまはアマビエが人気。アマビエには本当に感謝しています。コロナ禍でもアマビエがいたからずっと黒字なんですよ。イギリスのおもちゃ屋さんにあったユニコーンの置き物からインスピレーションを受けたデザインなのですが、家に置いても良いなって、20～40代のファミリー層が買ってくださることが多くて。それでも伝統工芸品ってまだ日本だと手に取りづらいのか、海外の人の方がだるまは面白がってくれます。あと海外に出たあとの日本人の方が伝統文化にちゃんと目を向けやすい感じはありますよね」

この地域で盛んだった養蚕農家に守り神として大事にされていたことが高崎だるまの始まりだという歴史も、なかなか知られていないだろう。

カナダに行ったときに、日本のことをなにも説明できない自分が悔しかった。英語で日本文化を話すのも難しいけど、そもそもだるまをはじめとした日本の文化や歴史を知らなかったな感じることがとても多く、帰国してからはもうちょっとアンテナを張ってみようと思えたのだ。

ネイル職人とだるま職人

謙遜は通用しない

パワフルな千尋さんにも、悔しい経験はあった。

「海外にいたときに悔しかったことといえば、10カ国ぐらいの人が集まって、自己紹介と自分の国自慢をしていこうってことがあったんです。私はだるまのこと喋ったらいいやと思っていたんだけれど、突然2番目に来たから、『あ、いいよ先』って別の国の人に回したんですね。そしたらもう自分の番は一生回ってこなかった。ほかの国の人は『うちが一番すごいんだ』っていう感じで。謙遜とか言っていたらもう世界で通用しないからね」

今回のネイルはガラス玉にアートしてプレゼント。だるまさんと、大門屋でもコロナ禍での救世主となったアマビエだるまと、だるま職人さんがエネルギーを入れて文字入れをする代表的な漢字「幸」「福」「叶」を書く。

アートを施したガラス玉を見て、千尋さんがこう言ってくれる。

「日本のネイリストさんって、海外行った方が良いよって思うんですよ。海外行ったときにその国のネイルサロンを見る機会があって、日本のネイリストのレベルってすごく高いなって感じていて。海外に行ってどんどん知

ずらっと並んだだるまとともにだるまネイルを記念撮影

名度を上げていけば、そういう本物の人になってくるじゃないですか」

47都道府県が終わったら次は196カ国だね！　と周りの人から言われることもあったここ最近。今日の千尋さんとの会話で、いよいよ背中をバーンと叩かれたような気分だった。

お土産に千尋さんが開発したピンクとターコイズの綺麗なアマビエだるまをいただいて、電車に乗った。車窓の淵に置いたアマビエだるまのつぶらな瞳が、「できるよ！」と言わんばかりにキラキラとこちらを見つめてくれていた。

WORK

「私、○○します！」とSNSで宣言してみよう

アマビエだるまはまもなく累計販売5万個に到達する大ヒット商品に。手乗りサイズで可愛い

自分の仕事を
短命で終わらせ
たくない人へ

数百年続く仕事に宿る心意気とは？

栃木編

次に向かった先は日光。学生のころに旅行で来て、東照宮の繊細な彫刻の数々に圧倒された記憶から、今回はネイリストの目線でその彫刻を見たかった。日光に関連する施設や場所を調べていくと、「堂者引《どうじゃび》き」というワードが目についた。

堂者引きとは、約360年前に大名や将軍、家来や一般人にいたるまで社寺案内をしていた日光専門のガイド人たちのことをいうそうだ。1816年に、それまで活動していた堂者引きを一本化し、現在その仕事を受け継いで残っているのが「日光殿堂案内協同組合」。江戸時代から続いている仕事から令和時代を生きる自分はなにを学べるかと、胸を躍らせる。

組合員でガイドでもある阿久津《あくつ》さんが、案内してくれる。

お話を聞いた人

日光殿堂案内協同組合
阿久津さん

東照宮をはじめ日光の世界遺産をガイドする組合員として、個人から団体の観光客まで幅広く案内しています

「個人でも歴史に興味のある方は一人から案内しているんですが、毎年いらっしゃる方もいますね。案内人によっても案内の仕方が変わるので、それが面白いって来られる方もいます」

ディズニーのジャングルクルーズみたいな感じだろうか（笑）。メインとなるルートやマニュアルはあったとしても、スタッフによってそれぞれの色が出てくるのはたしかに面白い。ネイルの施術をやっている最中も、「次案内行く人〜」「じゃあ俺行きます〜」という会話が聞こえ、肩の力がふわっと抜ける空気感に笑みがこぼれた。

この長年の歴史はほどよく余白がある仕事の仕方あってこそ、紡がれるのだろう。

不完全さが強さになる

「建物は位の高い人ほど白と黒を強調するらしいんです。色がたくさん入っている建物は位がそんなに高くないけれど、東照宮は最高位の白と黒と金が使われているんですよ。ほかにも東照宮の陽明門《ようめいもん》は『魔除《まよ》けの逆さ柱』が有名で、1本だけ「グリ紋（模様）」が逆さまになっている柱があり

取材前に日光名物のゆばを食べた。日光では「湯波」と書くそうだ

ます。完璧なものほど崩れていくからそれを防ぐという意味合いで」

グリ紋とは奇怪な獣の顔を想像させる退魔の効果を持つ模様で、不完全さもまた魔除けにつながるという考え方が込められている。

「満《み》つれば欠ける」ということわざの考え方を取り入れたことにより、完璧だと思っていた東照宮はまだ完成されていなかったのだ。新しい知識に驚かされながら、ネイルには逆さ柱にぐるぐると描かれている「グリ紋」と、「見ざる聞かざる言わざる」で有名な三猿《さんざる》、そして眠り猫を彫刻のように立体的に施してみた。完成したネイルを、赤いジャケットを着た案内人のスタッフ皆さんがこぞって見に来てくれ（わいわいとにぎやかで、みんな本当に仲が良さそう）、なかでもベテランのおじいさんは虫眼鏡を使ってマジマジと見入ってくれた。

それぞれが持っているものを活かし、工夫する

阿久津さんに今後やってみたいことを伺うと、少し違った角度から答えが返ってきた。

「娘が部活をやっているからか考えることがあるんですけど、スポーツ界

が衰退してきて、やる人が少なくなってきているんですよね。日光でいえばアイスホッケーは県外からも人を受け入れていて、そういう誘致などで手助けできることがあればと思っています。新しく色々取り組むのも必要ですが、昔ながらの伝統や歴史や取り組みがなくならないように、守っていけるなにかをしていきたいなと思います」

　世界共有で豊かになるものは旅やアートや音楽もそうだし、スポーツもそのひとつ。そういったものが衰退しないように続けるためになにをしていくかは、日光からヒントを色々もらえそうだ。堂者引きは伝統的で歴史的な部分もありながら、現代の堂者引きの皆さんはそれぞれのオリジナリティを持ってやっているのがすごく良い。みんなの工夫があってこそ４００年もの間続いていることを感じた。阿久津さんはこうも続ける。

「全員が同じことをするとか、同じ時間にやるのではなくて、それぞれの〝堂者引き〟が持っているものを活かして工夫することっていまの時代こそ必要だなと思います。よく、『私これしかできないんで』とか『これをやるって言われたから入ったので』って言う子もいるんですけど、それしかやれないならそれだけしか求められないじゃないですか。マニュアルがあっ

「グリ紋」に「見ざる・聞かざる・言わざる」の三猿に「眠り猫」

ても、ひとつのことだけしかやらないんじゃなくて、そのなかで色んなことに取り組むことを必要とした方が良いと私は思います」

　お客様から「こんなアートもできますか……？」と（時には頭を捻ったり抱えたりする）オーダーを受けつづけ、いままでやってきた固定のデザインの引き出しだけに頼らず、そこから少しずつ応用を重ねた結果できた作品がこれまで何百個もある。一歩か半歩の工夫が、お客様の感動に繋がりいままでネイルアートを続けられていることを、阿久津さんのお話を聴きながら噛みしめた。


　ネイル道具を片付けてから、阿久津さんに直接個人ツアーをお願いして東照宮をまわることにした。ひとつひとつ東照宮のストーリーを聴きながら歩いていき、たくさんの動物の彫刻が施されている陽明門をくぐったぐらいで、阿久津さんはこんな裏話をしてくれた。

「爪に色が塗られているのは当時の時代から〝豊かさの象徴〟と言われていたんです。東照宮には色んな生き物の彫刻がありますけれども、動物たちの爪も世の中の繁栄を願って爪が金色に塗られているんです」

阿久津さんに個人ツアーをしてもらい、日光東照宮の広い敷地を周る

なんと、東照宮ではネイルがもう導入されていたのだという。

自分一人でじっくり歩く旅も良いが、現地でしかわからない内容をお話してくれる案内人の方と一緒だからこそ得られる醍醐味、そしてネイリストの私だからこそ楽しめる旅先の風景があることに気づかせてくれた阿久津さん。数百年続くほどの仕事がどういうものかという答えのひとつも、ガイドしてもらえた気分だ。

WORK

スタンダードや通常のマニュアルに
プラスアルファの工夫をしてみよう

一人で
頑張っている
人へ

関わる人が増えることで、残せるものがある。

福島編

6月の最後に向かった先は、福島県いわき市。福島の取材に関してはなかなか決まらず、福島に行く予定だった日の1週間前ぐらいにInstagramでヘルプを募集したところ知り合いの紹介の紹介の紹介……という不思議で奇跡的なご縁でアポイントに繋がった。DMで連絡を取っていた豊田さん夫妻に泉駅から車で拾ってもらい、目的地の古民家「清航館《せいこうかん》」へ伺う。

清航館は東日本大震災で被災した築200年の古民家を改修し、現在はレンタル古民家として生まれ変わった。その場所ではおばあちゃんたちが楽しそうにワークショップをやっており、家の目の前には庭で草を食べている白ヤギさんと海の風景が穏やかに広がっていた。

お話を聞いた人

NPO法人中之作プロジェクト
一級建築士 豊田ご夫妻

NPO法人を設立し、古民家をカフェやコミュニティスペースに改築して公共の場を増やす取り組みをしています

「次は私が」みたいな人が出てくれば

「震災のときは海岸沿いの建物は壊滅的だったので、清航館のように古民家が残っている地域自体がすごく珍しいんですよね。貴重だよって周りからも言われて。だからこそ残していきませんかっていう活動をずっとしています」

残すにあたっては、資金繰りや人員の問題など、大変だったことも多かったのではないだろうか。奥様の千晴さんはこう話す。

「こういう活動をしたことがなかったので、やっぱり当時は信頼がなかったですね。行政に話しても震災直後のときは『なにを言っているの』で終わり。事例がないって何回も言われました。こんな未曾有の震災のあとに事例どうこう言っている場合じゃないって感じで」

所長である旦那様の善幸さんも続ける。

「もともとこの場所も、一人暮らししていたおばあちゃんからリフォームの相談を受けていた家で、その後震災が来たら『市役所に解体の申請した』と。もったいないから残そうって言ったけど、決めたことだから余計なこ

被災した古民家を改修した「清航館」は地域の人たちの交流の場に

としないでくれって言われてしまって。そこからは意地ですね。『じゃあ捨てるならください』って。その人にとっては個人の一財産かもしれないけど、地域にとって、貴重な建物がなくなるのはどういうことかもぜひ考えてほしいと食い下がって」

震災直後にいわき市では無料で解体ができるという助成が出されたことによって、過疎化や高齢化が進んでいる地域住民とってはこれを機にと、こぞって解体に踏み切る人は多かった。この清航館も、当時新婚旅行で使う予定だったお金をすべて場所の買い取りにあて、息子さんを身ごもっているなかでNPO法人を立ち上げ、改築・運営したという。昔の建物は珍しい手法で作られているものが多く、土壁作りのワークショップをはじめ一般の方でも手伝うことができる機会を催しながら、地域の方々と古民家を直していったそうだ。現在は展示会や音楽ライブ、マルシェのようなイベントを開催したい方向けに公共スペースとしてさまざまな人に活用してもらっている。

なにがそこまでの行動に駆り立てたのだろう？

「私たちって家を作る仕事をしているから、家を壊すのはすごく心がえぐ

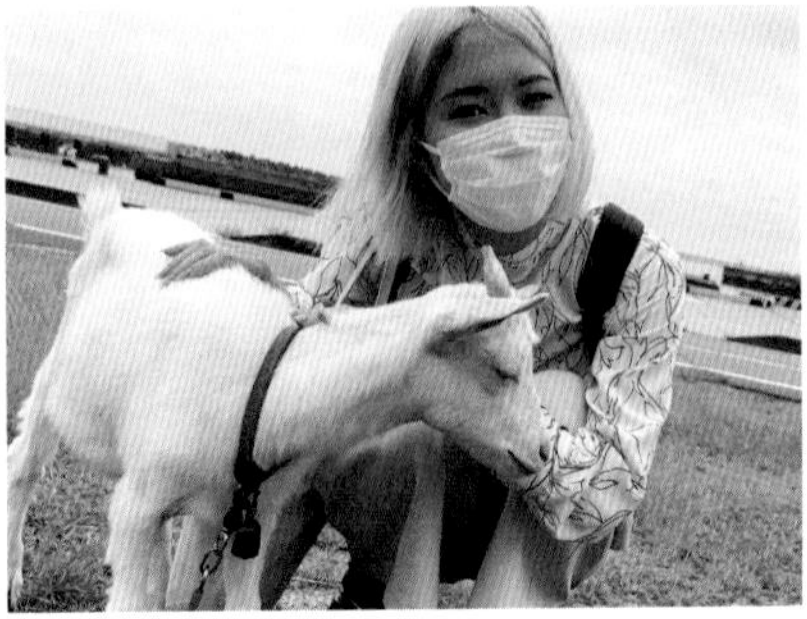

清航館に住むヤギのうみくん。みんなに可愛がられている

られるような気持ちになるんですよ。古民家とか貴重な建物だととくにそうで。だから1軒でも救ってあげたいっていう気持ちがすごく強いんです。あとは人に携わってもらうと、次なにかが起こったときに建物が壊されにくくなるんじゃないかなと思って。例えば私たちがなんらかでいなくなったときに、関わった人数が多ければ多いほど、『じゃあ責任もって次は私が』みたいな人が一人でも出てくるんじゃないかな」

『ひとつ、ひとつ、実現するふくしま』

（略）ロゴデザインは、さまざまな人々が集まって作る「実現」を、豊かで多様な色と形の集積で形成しています。

――「ひとつ、ひとつ、実現する　ふくしま」広報隊ホームページより引用

2022年の時点で震災から10年経て策定された福島県の新スローガンのコンセプトが、中之作《なかのさく》プロジェクトでおこなわれている内容にも合致するところがあるなと感じ、その色合いをネイルに投影してみた。話を聴いていくうちに、お二方にとっては、家そのものが子供のような感じなのだろうなということが伝わってきた。

誰かの夢を叶える場所作りを

中之作プロジェクトは、とある課題も解消しながら、地域にとってプラスになる流れを作っている。

「ここに暮らして数年経って気づいたのが、空き家問題なんですね。2軒目に建て直した物件が月見亭というここから歩いて少しの場所のカフェですが、そこは廃屋に近かったんです。自分たちでDIYしながらその過程を発信して、カフェを経営するワークショップを何回かに分けて開いて、いまはその参加者の方の一人が運営してくれています。建物はできあがっているしカフェも作ったから、全部整った状態で貸すよって。空き家の場所が場所だったので、荷物の運びが大変ではあるんですけど景色が良いので人気のカフェになりましたね。土日だと並んじゃって」

カフェをはじめお店を持ちたいけど、場所がネックで夢途絶えるような人も多いと思う。この活動はそういった人たちに対して夢があるものだ。

ネイルが完成してから、ヤギのウミくんも連れて月見亭も案内してもらい、その後いきつけのお店で雲丹といくら丼をご馳走していただいた。

福島県の新スローガン「ひとつ、ひとつ、実現するふくしま」をネイルに

帰り際、駅まで送ってもらっている途中に、善幸さんが後部座席の私にこんなエールをくれた。

「僕はね、どんな趣味であっても、その先には必ず公共があると思っているの。〝パブリックを、ハックする〟気持ちでやっているの。だからあなたのやっていることが将来どんな公共になっていくかはわからないけど、必ずなります。自信持って良いよ」

豊田さんご夫妻は震災直後からいまにいたるまで、「家を残したい」という使命を持ち、家庭を築きながら建築士の仕事でワクワクできるような公共の場を作っている。2人の奮闘からしたら、私もまだまだできることがあるなと思いながら、所長の言葉に胸と目頭が熱くなった。

WORK

自分が取り組んでいることを
周りの人と一緒にできないか考えてみよう

海が見えるカフェ「月見亭」は2019年にオープンして以来、人気のお店に

若いうちが
華だと
思っている人へ

世代ごとの青春はあるものよ

滋賀編

静寂。浮御堂《うきみどう》から見渡す琵琶湖は、こんなにも大きく迫力があるのに、穏やかで静かなのかと感動した。

長野旅を経てゆうたさんに本格的にドライバーと撮影をお願いすることに決め、東京から滋賀県までざっと5時間。ネイル道具と宿泊用の荷物を抱えて電車移動していた私にとってはとても快適な旅となった。

アポイント先に向かうと、入り口で日本一大きな信楽焼のたぬきがお出迎え。約1万匹のたぬきが大小さまざまに、個性豊かに置かれている。

有名になるきっかけは、いつどこにあるかわからない

たぬき村の代表、大熊さんが信楽焼《しがらきやき》について教えてくれる。

お話を聞いた人

株式会社信楽陶苑たぬき村
代表 大熊さん

信楽焼の販売やたぬきの陶芸体験、近江牛のBBQができるたぬき村を運営しながら、音楽活動もおこなっています

「信楽焼の特徴は、大物に適した土ですね。大阪万博の太陽の塔もじつは信楽の土が使われているけど、信楽の土じゃなかったらできんちゃうかな」

たぬきの持っているものはひょうたんと……？

「とっくりと通い帳っていって、いまでいうキャッシュカードみたいなものね。昔って、八百屋さんとか行くと〝付け買い〟といって、帳面に記載して月末にまとめて払うやり方をしていたんだけど、通い帳は信用がある人じゃないと持てない。商売繁盛みたいな意味合いで、みんなお店の前に並べていますね」

「たぬき↓他抜き↓他より抜きん出る」という願いが込められている縁起物のたぬきは、信楽の地に昭和天皇が訪れたことがきっかけで全国的に有名になったと言われている。日の丸の小旗を持たせた信楽たぬきを沿道に並べてお出迎えしている光景を見て、昭和天皇が「幼なとき　集めしからに　懐かしも　しがらき焼の　狸をみれば」と一句詠まれたことで「信楽といえばたぬきだ！」というイメージが広まっていった。全国共通のイメージ広まるきっかけは、どこから来るのかわからないものだ。

たぬきの焼き物体験もさせてもらい（たぬきの型に粘土を叩き込んで形を作っ

ずらーーっと並ぶたぬきと信楽陶苑たぬき村の皆さん

ていくので、ストレス発散したい人、無心になりたい人におススメ）、数ヵ月後に完成版が祖母の家に届くように手配してもらった。

いまの歳だからこそ、やれることあるやん

「僕はいろいろ転々としていて。たぬき村は20年くらいですかね。あっという間の20年だけど、気分はいつも10代。音楽もやっていて、今週ライブなんです。多いときには年20～30本やっていたよ。僕はギター、ボーカル、ベースときて、いまのバンドが今年で10年かな」

　建築業、設備業を経てから、紹介でまったく違う畑の観光業に彼いわく「なんとなく」で来られた大熊さん。彼が運営するたぬき村でかかっているBGMは、永遠にロックンロールだ。

「僕はビートルズが大好きで、今度向こう（施設の向かいのお店）に15人くらい座れるカフェを作るんですけど、そこに僕のコレクションいっぱい飾ろうかなと」

　ここに来てずっと感じていたことを思わず突っ込んでしまった。

「ちょいちょい施設の中にも社長の趣味というか色があるなと思っていま

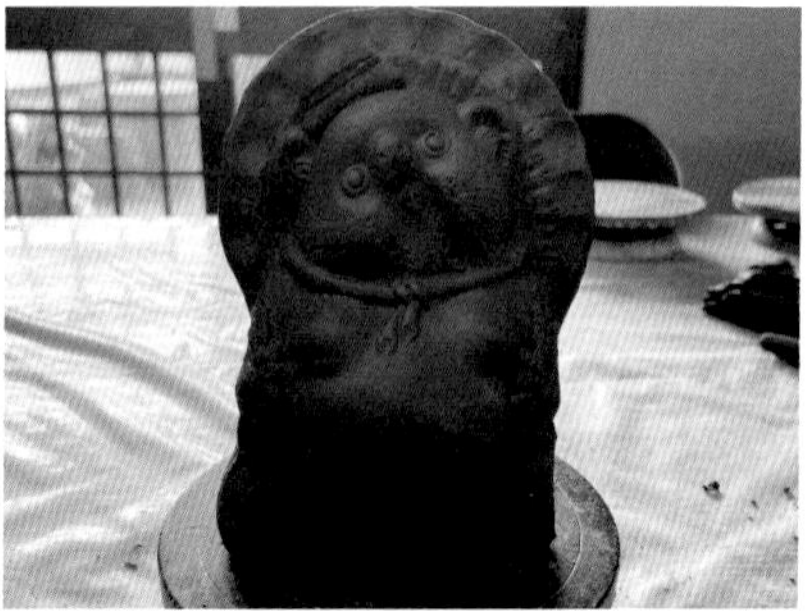

焼き物体験で作った信楽焼のたぬき

した（笑）」

「古い音楽には流行り廃りってないんですよね。だから好きな人が来るんだろうね」

ビートルズ繋がりでここに来ようって人も多そうだ。

「来ますね。千葉からバイクで来るとかね。音楽仲間も多いんですよ」

私のお客様でも、推しが一緒という繋がりでXで推し仲間を見つけ、初対面で新幹線に一緒に乗り、ホテルに寝泊まりしてイベントに参戦する〝推し活〟をしている方が何人かいる。好きなものが一緒というだけで、一瞬でこんなにも打ち解けられる仲間をどこでも作れる豊かな時代だ。

このたぬき村も、ビートルズ推しを全国からたくさん集めているのだろうなと思いながら、通路側に置かれているギターを持ってロックなポーズをしているリーゼントのたぬきの置物を見つめる。

コロナ禍の観光客の激減の話題になった。

「うちの店は焼き物体験ができるお店なんで、それは強みよね。ごはん屋さんだけやったら、完全にアウトだったね」

宿泊施設などは県民割などで補助金が出ていたが、こういった陶芸の業

界にはほとんど支援はなかったという。皆が試行錯誤するなかで、大熊さんはこんな試みをしていたという。

「コロナ禍になって、逆にとりあえずお金使おうぜって。みんな自粛してお店閉めて、おとなしく終わるのを待とうっていうときに、僕は反対にちょっと新しいことやるために金使ったろうみたいな。具体的には、もっと個人的な、個人向けの店に変えようと思って。施設の向かいにカフェを作るのもそういう考えですよね。お客さんが戻ってきたときに、懐かしさを感じるんじゃなくて、新しさを感じてもらいたい」

　そんなロックな大熊さんに、大事にしているスタンスを聴いてみた。

「仕事を楽しむことですよね。僕も40になって、そこそこお金があって、自由もできていろいろできるようになったわけ。人生が80年だとしたら、あと半分はなにをしようかって考えたときに、いままで40年間できんかったことってあるやん。それをやっていこうやん、やれるやんって。お金も時間もあるから、好きなことやれるよね」

「若い子は良いわね」みたいに言われることもあり、いましか好きなことができないのかと思うこともあったが、なんだかこれからも希望が持てる。

代表の大熊さんの趣味のロックなたぬき

「10代って青春あるやん。20代も青春ってあるやん。30代にも40代にも青春がある。そういう感じ。形はちがうけど、ずっと追い続けたいよね」

ロックンロールで男のロマンを追求しながら、人からの繋がりでたぬき村を20年着実に運営する大熊さんのハイブリッドな生き方は、「いいなあ、楽しそうだなあ」と憧れのまなざしで見てしまう。ロマンとソロバン、感性と理性、アートとビジネス。このバランス感覚は、20代の私なりの青春のなかで磨いていこう。

大熊さんのインタビューが爽快だったからか、三重県の伊勢へ向かう道中の木々がいっぱいに広がる景色は、日本全国の車から見る景色のなかでもひときわ綺麗だと感じた。

WORK

いまが何歳でも、自分がワクワクするような夢を
もう一度思い出してみよう

信楽焼の温かみのある緋色と、ビードロの薄い青緑の色合いや焦げの味わいを表現

毎日が平凡だと
思っている
人へ

ルーツを辿って、おかげさまの人生を

三重編

お話を聞いた人

おかげ座神話の館
大谷さん、藤田さん

大谷さんは紙芝居師兼おかげ座神話の館の案内人、藤田さんは観光客向けに大学で学んだ神道と神話の解説をしています

伊勢神宮の外宮《げくう》と内宮《ないくう》の両方を参拝し、おかげ横丁へ辿り着いた。日本という国がどのように生まれたのか、そのストーリーをくわしく知ることはいままでなかった。おかげ座神話の館では、そんな日本神話の世界を立体展示と映像で体感できる。立体展示では、大谷さんがお客様にさまざまな問いかけやツッコミを入れながら日本神話のエッセンスを面白おかしく紹介し、興味と学びと終始笑いの絶えない内容だった。そして、我々の祖先はこんなにたくさんの話を残していったのかと驚いた（神様の関係性もドロドロしていて人間くさくて、それもまた味わい深い）。

お客さんを必ずいちどは笑わせる

紙芝居師でもある、おかげ座神話の館の案内人である大谷さんは、こんな考えで日々お客さんと向き合っているそうだ。

「やっぱり、人の前で喋ってお客さんとトークするのは非常に楽しいですね。お客さんがクスリともしなかったら嫌で、お客さんを笑わせるのが自分のなかでのポリシーですね」

　接客業としてそのスタンスはとても学びになる。続けて、興味深い内容だった日本神話の魅力を聴いてみる。

「神話の魅力はですね、みんなが知らない。知らないから、知れるチャンスがあること。今日見たこの神話の流れとかわかっているだけで、ほとんどの人が知らないから『へえ～!?』ってなりますよ」

　たしかに学校の授業でやっても良いような内容なのに、20数年生きていて、いままで知らなかったことばかりだった。

「戦後にアメリカの教育理論が入ってきて学校教育では教えなくなった。神話のなかだと僕らの祖先は人間じゃなくて神となっているから、アメリカ側から見たらそりゃおかしいだろって。じゃあなにが本当でなにが嘘で……っていうところで、微妙な部分なんですよね」

おかげ座神話の館では日本神話の世界を立体展示と映像で体感できる

岩手県の遠野の地でも思ったことだが、いまの時代まで淘汰されず残っている日本の話を知ることで、日本人の本質的な考え方に触れられるチャンスがたくさんありそうだ。神話のことであれば彼女に聴くのが一番良いよ！　と、大学で神道を専攻していた藤田さんにバトンタッチ。「神道って、結局どういうものなんですか？」ずっと気になっていたことを直球で聴いてみた。

「神道とは……（笑）！　日本人の心の持ちよう、それこそが神道だと言われています。神道には経典、聖書みたいなものがなくて、見えないけれども自然にあるものに神様がいる、と私は考えています」

いわれてみれば、海外では多くの神様が人間の形をとっているが、神道ではそうではなくて、神は宿っているイメージなのだろう。

推し神様が出てくる

「神話のどういうところに知る価値があると思われますか？」

「七五三とかお宮参りとか、皆さんが経験したことがある多くの行事は、ほとんど神社が関わっていますよね。まったく興味がない人でも絶対に人生

おかげ横丁では大きな招き猫がお出迎え（現在は別の場所に移動）

でなにかしらの行事や参拝には参加していて、その神社にそもそもなにが祀られているかというのを知ると、『こんなストーリーがある神様なんだな』って思える。そうすると見方がけっこう変わるというか。自分の好きな神様のお社に行きたくなりますね。推し神が出てきます」

　推し神様が出てくる（笑）！　ちなみに、藤田さんの推し神は？

「この辺で佐見都日女命《さみつひめのみこと》という神様がいるんです。倭姫命《やまとひめのみこと》が二見《ふたみ》を訪れたときに、『あの山はなんていう山なんですか』と佐見都日女命に聞いたのですが無言のまま。しかし本当は耳が聞こえなかったのでした。返事が返ってこなかったから、その山は〝音無山《おとなしやま》〟にしようというストーリーで、お詫びの印として固めた塩を献上したと伝わるお社が好きです。最近になってから、手話を習い始めたんですが、上達しますようにという願掛けもあって」

　なるほど。いまの自分の状況にあわせた目線から推し神を見つけるというのもあるのだ。

「そうですね。数え切れないほど神様はいるのですが、もちろんストーリーが派手な神様ほど覚えられやすいのはあります。同級生の女の子たちに人気だったのは弟橘媛《おとたちばなひめ》で、船に乗っているときに海が突然荒れ出して、それ

金粉で渦を作り、イザナギとイザナミが矛で地上をかき回し、日本の島々を生み出した〝国生み〟を表現

を沈めるために身を投げた悲しいストーリーがあるんですよ。それは夫である神様のためでもあったんですが、身を投げたら海が穏やかに綺麗になったという伝説が残っています」

その神様が人気で、みんな悲しいストーリー好きなんだなぁって、と意外と冷静なコメントをする藤田さんだった。

アニメやゲームのなかでも、話に出てくる術や技やエピソードがこの神様のお話から来ているのかというのも見つけられて面白く、クリエイターたちのエッセンスになっていることを感じた。

「神話ほど、面白いネタはないですね」藤田さんもうなずく。

今後やってみたいことや目標を最後に聴いてみた。

「やはりいま勉強していることを活かして、日本神話を伝えたいですね。興味を持ってもらいたい。聞いてもらったからにはあまり壁を作りたくないですね。耳が聞こえない人がいらっしゃったときに、『字幕がないから入れないわ』と言われることが多いので、私が案内しますって堂々と胸を張って案内出来るくらい実力をつけていきたいです」

「……だから手話を勉強されているんですね！」

エネルギー高くお客様に神話を案内する大谷さんと、神話を伝えるためにまったく分野のちがうことも深く勉強する藤田さんは、〝伝える〟ためにそれぞれがやれることを全力で取り組んでいるのだ。

「神《しん》恩《おん》感謝」――ここに住む私たちは、くらしのすべてが「神様のおかげ」と感謝しております。――（公式ホームページより）

おかげ横丁の入り口に立てられた旗の文字を見た。お話をしてくださった大谷さんと藤田さん、プロジェクトに参戦してくれたゆうたさん、応援してくださっているお客様や周りのお友達、この生き方を見守ってくれる家族、この人生をくれた両親、そしてご先祖様……〝おかげさま〟で生きていけていることを、あらためて実感した。

WORK

「なんで自分はこれをやっているんだっけ？」を問い
いまにいたるまでのルーツを辿ってみよう

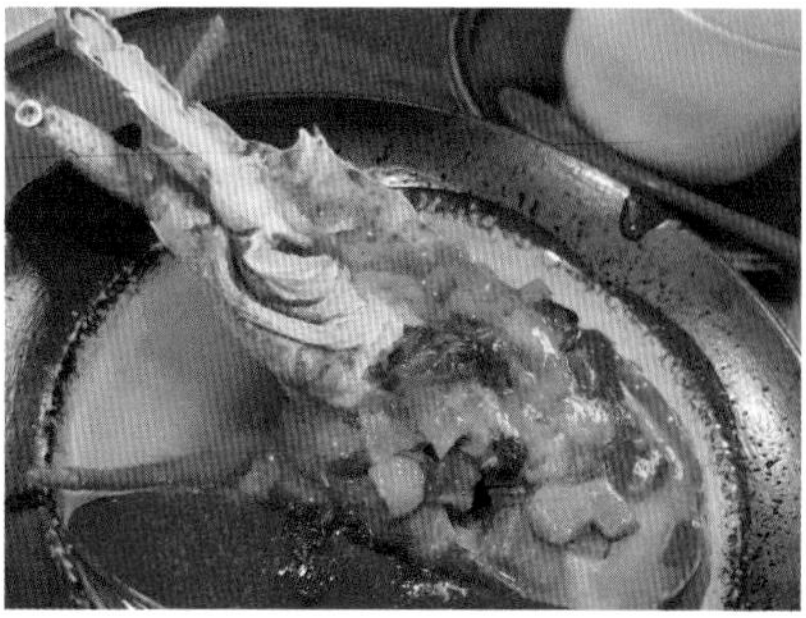

宿泊先の『夕雅 伊勢志摩』で堪能した伊勢海老のフルコース。全国制覇まであと半分ということでプチ（？）ご褒美

自分を
より良く魅せようと
している人へ

等身大で頑張る意義がある

サンダルを履いて外出することが多い8月は、フットネイルの予約も年間を通してもっとも増える繁忙シーズンでもあり、東京から近隣の都道府県を日帰りで訪れることにした。夏休みに入っているからか、都心から車で1時間弱の「ところざわサクラタウン」はどこもにぎわっていた。

曲淵《まがりぶち》さんとは朝早めに待ち合わせをし、ランドマークとなっている角川武蔵野《むさしの》ミュージアムの本棚劇場を案内してもらった。壁一面、天井まで約2万冊以上の本がびっしり続く本棚の迫力は圧巻で、見たことのない光景だが、本棚を使いアニメとコラボしたプロジェクションマッピングはセンセーショナルだった。日本のポップカルチャーをミュージアムやカフェ、体験イベントを通してさまざまな角度から発信する「ところざわサクラタウ

埼玉編

お話を聞いた人

株式会社KADOKAWA
曲淵さん

レクリエーション事業局で「ところざわサクラタウン」のメディア対応や広報活動を担当（所属、担当は取材当時）

ン」は、日々ネイルで「推し」のコンテンツを爪に投影したいお客様と関わる身としては興味深い場所だった。

　主に広報活動を行う曲淵さんは、サクラタウンをこのように説明する。

「ここは地域性もありつつ、地域とは関係ないアニメともコラボしているし、この施設をなんて言うのかは単純に一言で表せませんが、〝カルチャーの織り交ぜ〟とか〝発見と連想〟というキーワードをよく使っています。なにかを決めて見に来るというよりかは、自分の固定概念から解き放されて、『こういうのもあるんだ』って連想して新しいものに気づいてもらうのが狙いでありコンセプトですね」

「大人になればなるほど、自分の好きなジャンルに偏ってしまうんですよね。『あなたこれも好きかも』って最近はＡＩが提案してくれますけど、それでも似たようなジャンルになってしまう。だからこそまったく新しいジャンルにダイブできるのは嬉しいです。私、ここ近くだったら毎週のようにリピートすると思います（笑）」

「本好きの人は時間がいくらあっても足りない。いまはまだないんですけれど、年パス欲しいってよく言われますね（笑）」

天井まで積まれた2万冊以上の本たちに圧倒される

曲淵さんに施したネイルは、本棚と外観の風景画。ところざわサクラタウンの中には、建築家の隈研吾さん（全国いたる所で一番目にする名前だ）がデザインを手がけた角川武蔵野ミュージアムや武蔵野坐令和神社《にますうるわしきやまとのみやしろ》がアイコニックに並んでいたので、ここならではの景色たちを爪に反映した。

言ってることとやっていることが違ってはいけない

そもそも、ところざわサクラタウンは、どんなきっかけでスタートしたのだろう。

「もともとここの土地は所沢市が売却先として、産業メインで地域活性化に繋がるプランとして使ってくれるところを探していたんですね。KADOKAWAは文化にも強い会社なので、構想として市と一緒に『誰もが住んでみたい、訪れてみたい街づくり』を一緒にやっていきましょうという話になり、そこからスタートしました。ワークショップやイベントもよく開催するのですが、そういったものに参加するだけでも、この施設に、所沢という土地に主体的に関わったという気持ちを持ってもらえると思うんです。『クールジャパンフォレスト構想』といって子供たちも楽しめる場所

ところざわサクラタウンのランドマーク、図書館、美術館、博物館が融合した角川武蔵野ミュージアム

や、地域の活性化に役立つ施設にすることを目指しているんですけど、オープンしてから言ってることとやっていることがちがってはいけないので、ちゃんと構想に沿った魅力的な施設でありつづける必要がありますね」

　来る層はやっぱり地元の人が多いんだろうか。

「最初は地元の人中心でしたが、アニメ専門のフロアがあって人気アニメの展示や角川食堂でコラボメニューを展開すると特定の作品のファンの方もいらっしゃいます。なのでターゲットは特に絞っていないですね。コンテンツやカルチャーに興味のあるすべての人。子供からお年寄りもいますし、男性も女性も、一人で来る人もいればデートで来る人もいたり、家族で来る人もいたりするので、そこはすごく良いところかなと思います」

　地域のニーズに対して企業の強みを存分に生かし、官民一体となって地域活性を図る構想は、どんな人に対しても愛され受け入れられる必要がある。ビジネスの世界ではターゲットを絞ることが定石とされているが、私もできれば特定の人だけでなく、知ってもらった方にはどんな方にも愛されるネイルサロンを作りたいし、そういう人でもありたいなと思っている。

訪問時にはゴッホ展を開催しており、ゴッホにちなんだ書籍や雑貨もたくさん

大変なことは、ないんですよね

ここでお仕事をするうえで、大変だったことや、誰からも愛されるために大事にしていることを聴くと、意外な答えが返ってきた。

「大変だったことは、あまりないんですよね。細かいいろんな大変さはありますけど、基本的にはすごく楽しく仕事ができて、幸せだなと思います。大事にしていることもやればやるほど当たり前のことしか出てこなくて、本当に普通の言葉で申し訳ないんですけど、〝誠実さ〟かな。表現するときや伝えるときも、変に良くみせることや大げさにはしたくなくて。言葉と行動がちがうのは本当に良くないなと思っています。以前鬼怒川《きぬがわ》に旅行に行った際に、東武ワールドスクエアにふらっと行ったらすごく良かったんですよ。レビューも『あんまり期待してないで行ったら想像以上に良かったです』って書かれていて（笑）。それってとても良いことだと思うんですよね。期待を越えて良かったという感想は施設側からするとすごく誉め言葉で、逆に期待して行ったらつまらなかった、ではダメですよね。ところざわサクラタウンがここにあって本当に良かったなって世代や年月を越え

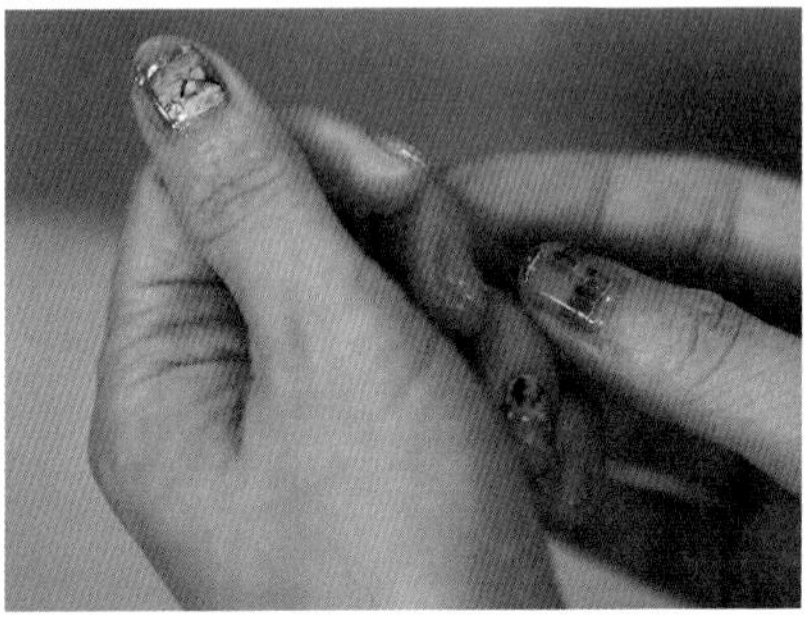

アートな場所らしさもネイルに投影

て思ってもらえるような活動を誠実におこなっていきたいです」

言行《げんこう》一致。曲淵さんとのインタビューのなかで、終始この言葉が頭に浮かんでいた。振り返ると都合よく理由をつけて「やっぱりこうします」と方向転換し、言ったことや約束をできていないことも、大人になってから多いにあった。些細なことでも矛盾が少ない人ほど、信頼を積み重ねどんな人からも愛されていくのだ。

ネイルが終わってから館内をもう一度まわり、外観の前を歩く動画を撮っておこうとゆうたさんと試みたが、親子、カップル、友達など色んな世代の来場者が手を繋いで楽しそうに往来しており、タイミングを見計らっては何テイクも撮ることになった。

WORK

自分の思っていること、話していること、
している行動が一致しているか振り返ろう

相手の満足度を最高に上げたい人へ

言われていることだけがすべてだろうか？

神奈川編

陽がまだ長い夏の夕方、スコールが止んだみなとみらい港からネイル道具が入ったスーツケースを引っ張り、甲板へ乗り込む。ロイヤルウイングという名前の大きな船の中は、スタッフさんたちが笑顔で出迎えてくださり、船内には美味しそうな匂いとともに真っ白な大皿がたくさん並ぶ。

２０２３年で日本最古のレストランクルーズ船となったロイヤルウイングでは、横浜港の景色を眺めながら中国料理を堪能でき、お客様の記念日やプロポーズプランニングをサポートしていて、船長が立会人、列席の皆様が証人となる結婚式もおこなえる。海上で大切な人と大切な日を過ごす場として利用されるロイヤルウイングは、神奈川のイメージとして思い起こされるであろうマリンネイルを施したい身としても、船の上で施術す

お話を聞いた人

株式会社ロイヤルウイング
企画広報青木さん（当時）

広報活動全般を始め船上でのブライダルプランを案内しています※ロイヤルウイングは運航休止中。後継船建造を予定

るというほかにはなかなかないシチュエーションとしても、ぜひお伺いしたかった。さっそくロイヤルウイングの強みや特徴を聴いてみる。

「ほかのレストランとちがう点で、景色が動いているということが第一に挙げられるかなと思います。ベイブリッジをくぐって、みなとみらいをまわって帰ってくるんですけど、お昼に乗船いただくのと夜に乗船いただくのでは、印象が全然ちがうんです。みなとみらいの景色や工場夜景を撮りに来る方もいらっしゃいますね。料理長が食材からこだわり、自ら生産者の元へ足を運んで選んだ旬の食材を生かした中国料理が味わえるんですよ。“中華料理”ではなく“中国料理”とうたっているんです。中華料理はどちらかというと日本人の口に合わせたアレンジ料理で家庭に近いお食事なのですが、ロイヤルウイングは本格的な中国料理を楽しんでいただけます」

遠慮や配慮をされないために

外の景色はだんだんと明かりがついていく。船から見える赤レンガと観覧車、ランドマークタワーの夜景がとても綺麗だ。

青木さんに、なぜここで働くようになったのか聴いてみた。

63年の歴史を持つ現役最古のレストラン船だった「ロイヤルウイング」

「もともと船が好きで、プライベートでも2泊3日のクルーズに乗船したこともあります。以前はみなとみらいのホテルで働いていたのですが、転職してご縁があってこちらで働くようになりましたね」

「好きなものが直接お仕事になっていった感じなのですね。接客をすることもいままで多かったと思いますが、その際の心構えってありますか？」

「お客様がなにを思っていらっしゃるのかを事前に察知することですね。相手の気持ちになって考えるのが、接客業には一番必要なのかなと思います。お客様のなかである程度答えが決まっていることもあるじゃないですか。レストラン船というのもあるので、お客様が『できないかもしれない』と思いブレーキをかけてしまうことも多いので、口に出していないご要望をいかに引き出していくかを大事にしていますね」

　遠慮や配慮って日本人はとくにあるのかもしれない。ネイルの施術が完成してから、「最初はこんなアート頼んじゃっても良いのかなと躊躇したんです」というお声をちらほら聴くことがあった。相手にもし気を遣われていたり遠慮されてしまったりしたらたいへんもったいない話で、安心してオーダーしてもらうための雰囲気作りや事例作り、そしてそれを楽しんで

赤とネイビーと白のトリコロールを基調に碇(いかり)と浮き輪、縄を立体的に描いたマリンネイル。親指にはみなとみらいの夜景を

お受け入れできる器作りが、最高の満足度や感動体験に繫がると、サロン3年目にして日々感じていたところだった。

ネイルが完成し、片付けをしてからデッキに上がって写真を撮った。海の上から見える横浜の景色は、また一段とロマンチックだ。

「お食事ご用意しておきましたので、良かったらどうぞ」

仕事終わりに動くきらびやかな横浜の海夜景を眺めながら食べるとろとろのフカヒレスープは、一生に一度のここでしか味わえない幸せの1ページになった。

WORK

あなたにお願いしたいと気兼ねなく言ってもらうため、どんな工夫ができるか考えてみよう

家庭と仕事を両方頑張りたい人へ

子供たちをチームにジョインさせる

静岡編

掛川《かけがわ》城二の丸茶室。雨が上がりしっとり落ち着いた雰囲気。縁側の外には緑の芝生が水滴をつけ、厳しい8月の暑さが瑞々《みずみず》しい空気へと変わる。一歩外に出ると、こんな猛暑でもフワッと緑に出逢えることもあるんだなあ、と実感。

中部地方の旅を終え、友人とプライベートで行った山梨のお茶会イベントでご縁があった人にこの旅のことをお話すると、「静岡ならこの2人を！」と素敵な方を紹介してもらって実現した。みんな、山梨のイベントに行ってなかったら繋がっていなかったメンバー。

お話を聞いた人

抹茶ヘブン代表 比呂子さん
アスリート陶芸家 翔太さん

比呂子さんはオーガニック抹茶のスティック粉末を販売。翔太さんはアンバサダーとして日本の文化とともに広めています

「この人の作ったものを応援したいな」という応援消費

「お茶だけじゃなくて、みんなもっと食全体の背景を知ると良いなって感じていて。もちろん安いと嬉しいときもあるんですけれど、安ければ安いほどその背景にある作り手の給料は下がっていくので、持続的ではない。そういう背景を考えて『この人の作ったものを応援したいな』という応援消費が増えると良いですよね」

そう話す比呂子《ひろこ》さんは過去に掛川市の観光会議へ出席した際、掛川の深蒸し茶だけでなく、お茶離れがどんどん進んでいく現状を知り、流通の仕組みで生産者さんが苦しい状況になっていることをどうにかしたいという思いから抹茶ヘブンを立ち上げたという。農薬を使わないオーガニックのお茶は虫に美味しい茶葉が食べられたり、葉が病気になったり、育てるのも一苦労。毎年安定供給できる確証はない。ただ、自分が手掛けるのであれば、次世代に残したいものをやりたいと比呂子さんは語ってくれた。

「一服のおいしいお茶を相手にさしあげるとか、お茶文化を伝えるうえで、日常的に安心して飲んでもらえるものって考えると、やはり比呂子さんの

あまりに素敵な掛川城二の丸茶室。特別にここでネイルさせてもらうことに

思想にすごく共感して」という翔太さんは、アンバサダーとなり（取材当時）新しい形でお茶について広めている。

親として、経営者として、陶芸家として。仕事と子供の接し方

私も女性とよく関わっているため、ぜひ聴きたい質問があった。母親であり経営者である比呂子さんが、家庭と仕事を両立するために心構えとして持っていることはなんだろう？

「完璧にやらないこと。現代に生きる人って、家事も仕事もやらなきゃいけないことが多すぎるなと思って。全部ちゃんとやろうとすると余裕がなくなって疲弊してしまうじゃないですか。あとは、子供たちをチームとして巻き込む。やっぱり大人のなかで色んな社会問題の話を聞いているからなのか、子供も社会問題にめちゃくちゃ興味がありますね。なにかあると一緒に考えてくれる。それはすごく良かったなって思います」

続けて、翔太さんにも伺う。

「翔太さんのお子さんも、一緒にお茶点《た》てたり関わっていたりするんですか？」

静岡放送のテレビカメラも入りながらのインタビュー

「1歳半からお茶を飲んでますね。2歳ぐらいからもう自分で、お茶せん持ちたいって言って。そうすると、やっぱり本物の良い抹茶を飲ませてあげたいなっていう想いが出てくるんですよ。抹茶のことを大人がきちんと知って、子供に伝えていく連鎖を作っていきたくて。結局親がやらなければ子供は続かないんですよね」

ネイルが終わったあと、みんなでお茶会を開いた。

「お茶って本質的なものを伝えることでも、自分と向き合うことにしても、最高のツールなんですよね。定点観測でお茶を見てみると、自分のその日の感情がコーヒーとかそういうもの以上に表面に出てくるんです。日々使う器がどう見えるのかというのも、その日の心の状態を表すし。『いま、自分がどんな心境なのか』っていうのも器と、一服のお茶を通して感じることができるのは、お茶の良いところですよね」

翔太さんには、お茶会での〝見立て〟という考え方を教えてもらった。

同じ器を見ても人によってどんなものが見えるかは変わってくるし、この器に名前を付けるとしたら？　という問いにも、十人十色の答えが返っ

てくる。お茶の味も、点てる人によって違うし（翔太さんのお茶はまろやかで格別だ）、自分が点ててもその味や風合いは日々少しずつ変わってくる。とらえ方は三者三様で、自分だけでも時間が経てば答えも感覚も変化する。この朝の一服がお抹茶になるのが、日本の風景として当たり前になってくると良いなと思った。比呂子さんもうなずく。

「そうですね。このスティック抹茶でぱっと一服、だから短い時間でもできるっていうのはやっぱり大事ですよね。その文化を広めている翔太さんとそれぞれの役割でお茶の文化を世界に発信していけたら、静岡の街もすごく広がるなって思っています」

「色んな文脈に乗せて伝えるのは可能性が一気に広がりますよね」と翔太さん。最後に、比呂子さんが締めに印象的な言葉を言ってくれた。

「どれが正解かもわからないし。まずは色んな業界をノックしてみるのはありなのかなって思って、ここからまた頑張っていこうかなと。文化形成ですね」

現在は、繁忙期でない時期に生産者自身ができるビジネスモデルを模索することや、お茶のブランド価値を高めることができるよう、高級お茶ブ

あなたがこの器に名前をつけるとしたら？　翔太さんはこんな「見立て」の問いを投げかけてくれる

ランドをつくることに力を入れたいと考えているそうだ。

オーガニックでつねに美味しいお茶を、生産者さんや環境の持続可能性も考えながら提供する比呂子さん。

お茶も水も道具もまったく同じものを使っているのに、自分が点てるお茶とはまったくちがう、フワフワのラテのような味を一瞬で生み出し、〝見立て〟という日本の価値観を教えてくれた翔太さん。

2人の掛け算が、世界を喜ばせる本物の抹茶文化をクリエイトしていくのだろう。

WORK

子供や異なる世代の人たちに
「〇〇についてどう思う？」と聞いてみよう

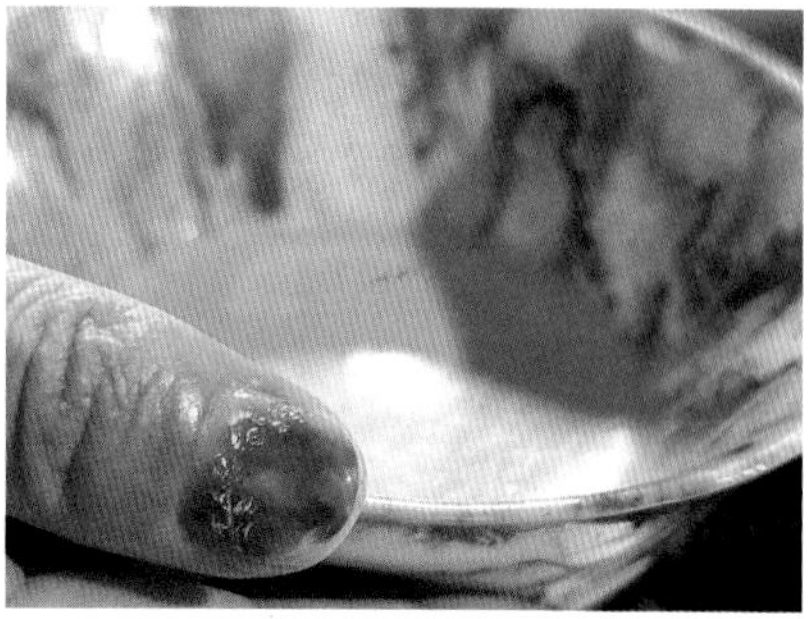

茶の色とアイボリーを混ぜ合わせて作る抹茶ラテネイル。純金のミラーで茶の葉が緩やかに連なる模様を

47都道府県の半分が終わった。

「定点観測でお茶を見ると、自分のその日の感情がコーヒー以上に表面に出てくるんです。日々使う器がどう見えるのかも、その日の心の状態を表すし」

見え方や感じ方が一人の人間だけでもその日の心の状態で移り変わるのであれば、人間自体が変わったら見え方はさらにちがって当然だ。それなのに、不変の正解があるように思ってしまうことはあるものだ。翔太さんの「見立て」の概念から、色んな価値観のなかで揉まれていたカナダ時代の記憶がよみがえった。


季節は夏になり、トロントのネイルサロンで問題児だった私でも、回数を重ねてくると段々と手つきも慣れて他のスタッフと同じ人数のお客様を施術できるようになっていた（1日平均5人を週6日、この1年で少なくとも1000回はやった）。お客さんの入りがゆったりしているときは、色んな年代の色んな職業の人と英語で会話を試みた。

「あなた、日本出身なの？　私日本大好きなの！　日本人って礼儀正しいし、文化やアニメもすごくクールだし。いつか行ってみたい憧れの国よ」

日本が大好き。日本人をすごくリスペクトしている。そういった言葉をかけてくれるお客様がとても多く、なんだか自分も誇らしくなる。日本人としてのイメージやアイデンティティをカナダに行って初めて感じながら、熱量高く日本について色んな角度で質問をしてくれる現地のカナディアンと話していると、「ああ、もっと日本のことを勉強してくれれば良かったなあ」と思うことが何度もあった。

会話にも楽しさを覚えはじめたころ、親子2人連れのお客様を韓国人マネージャーと施術する日があった。私は60代ぐらいのお母様を担当。オーダーはフットのフレンチネイル（ピンクのナチュラルなカラーに白い線を爪先に引くデザイン）だった。How are you? と挨拶をすると、聞こえなかったのか、ずっと娘さんとお話を続けていた。途中「もっと白い線を太くして」と言われたのでもう一度デザインをやり直したが、納得しなかったのか妙に笑いながら、何回もやり直しを希望された。しばらく時間が経ってから、マネージャーが口を開いた。

「お客様、そのようなことを言うのであれば、お帰りいただけますか？」

場の空気が、一瞬凍り付いた。

少ししてから親子はまた別の会話をし始め、私たちはネイルの手を進めていき、お会計を終えてからマネージャーに裏へ呼び出された。

「アジア人差別だね。隠語で私たちに酷いことを言っていたわ。大丈夫？」

どうやら「あなたの手でベタベタされるのは不快だけど、白い線が気にくわないから直して」みたいなことを言っていたらしい。同じアジア人出身のマネージャーの目が悔し涙でうっすら赤くなっているのを見て、そのときだけは英語が聞き取れなくて良かったと感じてしまった。

またある日、40代ぐらいの品の良いマダムにネイルをしていると男性が車で迎えに来た。あなたの彼氏？　それとも旦那様？　と尋ねると、パートナーだという。

どうやらカナダでは、結婚という形を取らずに人生を共に生きる〝パートナー〟という関係を選択をする人も多いようだ。ネイルをしながら、なぜ結婚ではなくパートナーという選択をしたのか（人によっても理由は色々だ）、結婚生活とはなにがちがうのか、パートナーになることで人生にどんないいことがあるのかをたくさん聴かせてもらった。ものすごく新鮮な情報に出逢ったインパクトを覚えている。

ネイルという手段を通せば、考え方やものの見方の両極端に触れることもあれば、新しい価値観を知ることもできる。ネイルの技術を会得《えとく》するまでは爪と向き合うことに必死だったが、半年ぐらいしてやっと会話ができるようになり、人の価値観を知ることそのものに価値を感じられていた。トロントには多種多様なバックグラウンドを持つ人も多く、ネイルサロンに来る世代も10代から70代と幅広い。自立して働く女性もいっぱいいて、視点も十人十色だ。会話を重ねるごとに自分がどれほど狭い世界で、一方通行でしか物事を見ていなかったのかをひしひしと感じつつも、それを発見するたびに嬉しい気持ちにもなった。

　秋に差しかかり、町中に立つ楓《かえで》の木の葉が少しだけ赤く染まり始めたころ、いつものように私はサロンに出勤していた。チップもだんだん貯金できるようになったため、紅葉が見ごろの時期にモントリオールへ列車旅をしようかなと計画を立てていると、一人目のお客様が来店した。

「今日はＡｎｒｉって子いる？　前にやってもらったんだけど、彼女すごくていねいだったの」

　春から半年間〝ハヤク〟と言われ続けていた私に価値を見出してくれたお客様の、初めてのご指名だった。

人と話すのが
苦手な
人へ

自分から、話題のフィールドを広げに行こう

山口編

お話を聞いた人

一般社団法人岩国市観光協会
鵜飼事務所　三井さん

ミス岩国と山口県の観光大使の経験を経て現在は鵜飼や遊覧船企画、観光客への案内、ミス岩国の教育に携わっています

東京から中国地方まで車で行ったことがある人はどのくらいいるのだろうか。12時間も運転をしてくれたゆうたさんに尊敬の念を抱きながら、これから始まる中国地方旅に胸を膨らませた。

目的地となる錦帯橋《きんたいきょう》は、世界的にもまれと言われている5連の木造アーチ構造。左右5本ずつの爪に合うご当地のテーマを決めるとなれば、山口県はこの橋が一番ピッタリだろう。

錦帯橋に、岩国寿司

岩国《いわくに》市観光協会に向かう途中で遠目から見た錦帯橋は、穏やかで雄大な錦川の上にダイナミックに架けられ、画像で見てはいたものの想像以上の

スケールだった。岩国市観光協会の三井さんにお話を伺う。

「錦帯橋は日本三名橋のひとつで、木組みの技で作られているんですね。木を組んでいる過程では釘を使っていないんですが、組んでそれを補強するために鎹《かすがい》などの釘は使われているんです。釘を使ってないという説が流れて『木を1本抜いたら全部崩れるんですよね』とかよく言われますが（笑）」

……ジェンがかな？（笑）。

「橋の下から見ると組んである様子がよくわかると思います。鵜飼《うかい》事務所は春の遊覧船、秋の遊覧船と夏の鵜飼という船の部門を担当していて、鵜飼というのは、鵜という鳥を使ってお魚を獲る漁法のことです。昔はそれを商売として生業にしていたものが、現在は観光のショーとしてお見せしているという感じです。日本で鵜飼をやっている地域は全国に11カ所あり、各地に色々な特徴があるんですが、うちの売りはやはり錦帯橋がある最高のロケーションではないでしょうか」

「素敵ですね！　この地域のお食事で有名なものはなにがあるんですか？」

「全国郷土料理100選にも選ばれている岩国寿司があります。特産品の

何度も流失した歴史を重ね、高い技術で組まれた「錦帯橋」は国指定名勝になっている。令和5年には、創建350年をむかえた

蓮根《れんこん》を使った押し寿司です。別名、殿様寿司といわれていて、殿様にも献上したことからその名前が付き、作り方がちょっと変わっています。大きい木枠に４、５升くらいの酢飯を入れて、その上に具材を重ね、酢飯、具材、酢飯……ってサンドウィッチ状に重ねていって、最後に人が上から乗るんですよ。山の上のお城まで運ぶのに、ぎゅっぎゅっと踏んで押し寿司にして持って行きやすいようにしたとも言われています。その作り方だと１回に１００人分ぐらい作れるんですよ」

ミス岩国や県の観光大使の経験がある三井さんのトーク力と知識量に感銘を受けたと同時に、三井さん自身への興味がどんどん湧いてきた。

「はい、好きです」で終わらずに

「豊富な知識や話の引き出しを持つにいたるまで、意識していたことやきっかけはありましたか？」

「出身は岩国で、広島の大学を経てそちらでいったん就職をしたんですが、こっちに戻ってきたときにミス岩国の応募があって、受けてから人生変わりましたね。誰でも経験できるわけではないですし、色んな所に行けまし

橋を下からのぞくと圧巻の５連の構造がよくわかる

た。自分自身の成長が一番大きかったと思います」

具体的には、どういう部分で成長や変化を感じられたんだろう？

「自分の意識が変わって、色んな方とお話するときに知らないというのが恥ずかしいところもあって。勉強するようになりましたね。会話から繋げていきたかったので、ニュースを積極的に見るようにしたり、趣味でテニスやゴルフを始めてみたり、ヨガもやったり。話の輪に入れるじゃないですか。食べるのも好きだったので、美味しいお店があると聴いたら実際にその場所まで行ったり、旅行もしたり。自分がなにか尋ねられたときに、『はい、好きです』だけで終わらずに、お話をどれだけ広げていけるかって大事だなって」

その積み重ねが、いまの三井さんの誰とでもお話できる力になっているのだ。そういえば、私も行ったことのある都道府県が増えていくほどに、初めましての人と出身地の話になった際に、「最近〇〇県行きましたよ！」という一言でわっと盛り上がれることも増えてきていた。

三井さんに施した錦帯橋ネイルは、彼女の雰囲気に合わせて桜色にブロンズと、ピスタチオカラーとゴールドを使い、左右で色合いを変えたミラー

アートだ。茶色の錦帯橋が描かれると思っていたスタッフの皆さんが全員驚きと笑顔の反応で、私も大満足の出来だった。

〝柔〟という生き方

「以前、ある面接で、自分のことを漢字一文字で表したらなにか？　という質問があったんです。面接だからインパクトを残さないといけないと思いつつも、出てきた言葉がひとつしかなくて」

それは何の漢字？

「〝柔〟。どんなことも柔らかく吸収したり、嫌だなと思っても柔軟に素直に受け入れたり、人間関係もご縁があった周りの方と柔らかい雰囲気で一緒にお仕事やお付き合いをしたりしていきたいと思っています。とっさに思い浮かんだのがその一文字だったのかなって思っていましたが、のちのち考えるとずっとそれを心がけてきていたんですよね」

柔らかく、という生き方。自分もそうでありたいなあ、自分だったら何の漢字かなあと思いながら、実際に錦帯橋を渡った。木組みで作られた階段は一歩一歩登るたびに、コツコツとコンクリートでは聴くことのできな

錦帯橋のアーチと三井さんの雰囲気をネイルに表す

い気持ちの良い音が鳴る。橋の上から見る景色も、岩国の穏やかな緑と澄んだ川の音がより一層全身で感じられ、思わず深呼吸したくなる。

橋を渡った先にはむさし（隣に佐々木屋小次郎商店という店もあり、フレーバーの数で世界ギネス記録も取っている）という200種類のソフトクリームがあったので、試しになかなか食べることがないであろうフレーバーを頼んでみることに。

最終的にチョイスしたお茶漬けソフトは、さすがに発想が柔らかすぎる味だった。

WORK

自分を漢字一言で表すと？
自分でも考えてみよう

錦帯橋から徒歩で行けるお店「半月庵（はんげつあん）」の岩国寿司。色合いも綺麗

計画倒れで
落ち込んで
いる人へ

人間、やるときが来たら やるのよ

広島編

海際のホテルから船に乗り、宮島《みやじま》へ向かった。風にあたりながら、視界に大きく広がっていく宮島の緑豊かな山々を眺め、厳島神社の大鳥居を探す。2022年いっぱいは約70年ぶりの大改修工事の真っ最中。鳥居を囲うように工事用の鉄の足場が何段にも組まれ鳥居は銀色に覆われている。

「約70年ぶりの大修復なので、柱の中に空洞ができるくらいシロアリ被害が深刻で。でも鳥居の柱になるぐらいの大きな木がないみたいで、そのまま中を全部削ったり、柱の内部に木をはめ込んだりとても工夫されたそうです。鳥居の一番上には重しとなる石が約4トン入っていて、その重みでグッと地面を押して鳥居が立っているんですが、その重しも一回取り除いて洗う行事がありました」

お話を聞いた人

宮島観光協会
案内スタッフ高橋さん（仮名）

宮島の桟橋に位置する案内所で、観光客向けに周辺の案内や宿泊予約のサポート、宮島の観光案内業務をしています

いまじゃないならそんなに力を入れなくてもいい

同じ接客業でもある高橋さんに、接客の際に大事にしていることを聴く。

「10持っていてもそのまま10出せば良いわけでもないから、やっぱりお客様がどういう状態でなにを求めているかをなるべく察知できるようにしていますね。でもちゃんとこちらは10持っていないといけないから、何事も努力して準備しないといけないと思っています」


ネイルも自分の手持ちのたくさんあるカードのなかから、瞬時にその人が求めているものをちょうど良い情報量と提案量でおこなう感覚がある。


厳島神社のデザインで使えそうなジェルの色をチョイスしつつ、高橋さんに好きな色を聴いてみるとあまりこだわりがない、とのこと。

「こだわりがないのは、色だけじゃなくてなんでもそうなんですか？」

「そうだと思います。自分が決めたことにこだわりすぎちゃうと、うまくできないこともあるじゃないですか。自分だけで全部決められるわけじゃないし。でも決めたことをちゃんと向き合ってやるのも大人としてすごく大事。もちろん時と場合によりますが、自分自身で束縛をしないように」

参道には鹿が

頑張り屋さんほど、自分で自分の首を締めて根詰めてやることも日常茶飯事ではないだろうか。このバランス感覚には救われる。

「たぶん皆さん、やるんですよ。そうならなくても。時が来たらみんなちゃんと力入れて死にもの狂いでやると思いますので。だからいま『その時』が来てないときにそんなに力を入れなくても良いかなって」

「明日に延ばしても良いことは、たとえやり残して死んでもかまわないことだけだ」というパブロ・ピカソの名言を思い出した。人生のなかで、〝絶対にやらなきゃいけない時キャンペーン〟があるはずで、それまでは変に心配したり、感情的になったり、焦ったりしなくても良いのかもしれない。

高橋さんの「どうせやるから」という言葉は印象的だ。

「できなくてテンション下がってもね。下がる前に一回休んで、翌日また挑戦したらいいのかなって思います」

幸せカップルの旅スタイル

「観光客の方とのやり取りで印象に残っていることとかありますか？」

「とあるカップルは、いろいろまわって戻って来られてから地図を見て、

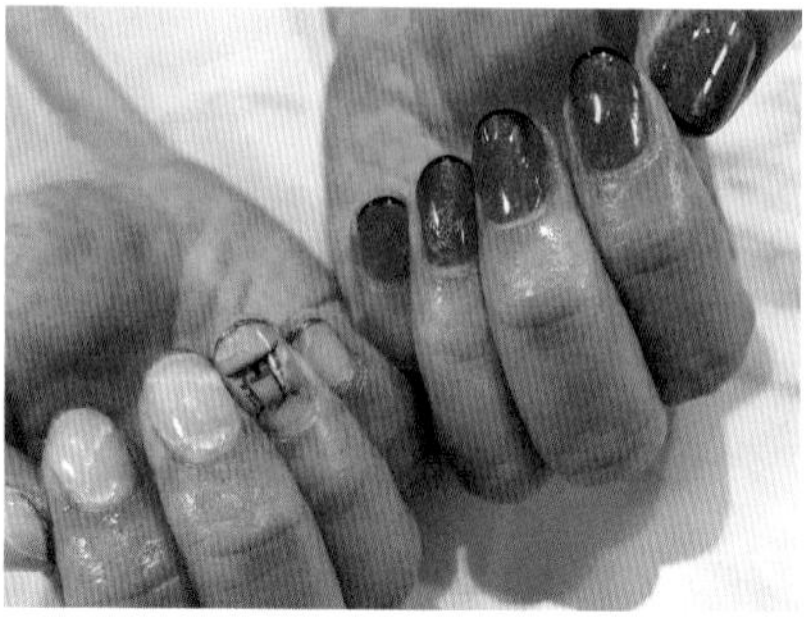

鳥居の朱色と海面の白をイメージ。朱色の爪先には、黒の細いフレンチを施し、金色の紅葉を描く

『ここもあったんだぁ』とか言いながら、ここも行ってないここも行ってない……って（笑）。面白くて、どうなっちゃうんだろう？　って見ていたんですが、『じゃあ海でも見るか』ぐらいの感じだったんです。『また来ようね』って。幸せって思いましたね」

人生なにかができなくて落ち込むこと、やれなくて焦ることは誰しもあるなかで、いまそれが味わえないのならいまあるものでなにを楽しむか。サクッと切り替えられる人はきっと幸せな時間になる。落ち込む前にじゃあどう行動するか？　の作戦会議は旅においても人生においても有効だ。

改修が終わった厳島神社をまたの機会の楽しみに、広島をあとにした。

WORK

気分に左右されてしまったら、
行動ベースで次の手立てを考えよう

ひとつの道を
突き進んでいる
人へ

作戦Bで、もっと確実に。

島根編

グレージュのマットな質感にシルバーのミラーでアクセントを入れ、中にはクリスタルのパーツを埋め込み、薬指には室町時代から明治維新までの間に流通していた銀貨である「丁銀《ちょうぎん》」を立体的に施した。

世界遺産センターの女性スタッフに当日ネイルをし、男性スタッフの宮野さん（仮名）と田辺さん（仮名）とは旅の日程と取材のスケジュールが合わなかったので、今回はｚｏｏｍでの取材となったが、島根出張ネイルは、蓋を開けてみたらこの形がベストなものとなった。

文化の違いを理解するために世界遺産がある

「石見《いわみ》銀山は立派な建造物があるとか、見て綺麗！　大きい！　がないの

お話を聞いた人

石見銀山世界遺産センター
宮野さん、大田市学芸員の田辺さん

世界遺産センターの全体統括をしている宮野さん、大田市学芸員の田辺さんは市役所の石見銀山課で世界遺産登録に携わっていました

で、一見すると非常に地味な世界遺産で（笑）。西暦1500年代から400年もの間、ずっと鉱山として開発されて、貿易で貨幣として銀が使われるようになっていったんですね。当時日本ではまだお金として認識されていなかった銀ですが、例えば香辛料を買ってヨーロッパに持って帰る際に、諸外国では日本の銀が使われていました。そうして銀の価値が高いということに目をつけたポルトガル人などの西欧人が、日本にもやってきたわけです。フランシスコ・ザビエルのキリスト教の伝来ってありますよね？　あれはポルトガルが日本に銀を求めてやってきたことがきっかけで伝わっているんです。鉄砲伝来も、銀を求めて来訪したポルトガル人の船が種子島に難破してしまったことで起こった。たくさんの新しい文化を日本に取り入れる力となった理由のひとつが銀なんです。ほかにもいくつか鉱山はあるんだけれど、一番大量に銀を出していたのがこの石見銀山です」

　そういう繋がりがあったのか！　新たな情報の洪水に目から鱗が落ちっぱなしだ。

「世界遺産になる目的って、観光や街づくりだけがすべてではないんですね。歴史や文化を遺し、文化のちがいを理解するために世界遺産があるの

丁銀のオブジェとともに

で、日本にもこんな鉱山がありますよって伝える役割を果たさなきゃいけない。外国人観光客もたくさん入れたいという部分が強くあって世界遺産登録が進められるところもあるかもしれないけど、住んでいる人たちがやっぱり地域の歴史やものに誇りと自信を持って伝えていくことがいちばん大事だと思います。世界遺産の目的は、そういうところにあるんだろうね」

観光、商売の手前にある本質的な世界遺産の意義。じつは学生時代に世界遺産検定も受けたことがあった私は、なんで自分がこんなに世界遺産が好きで惹かれるのかが少しわかった気がした。各土地によって歴史や文化が違うように、人によっても価値観や文化がちがい、それを知って伝える役割をすることに魅力を感じているのだ。自分の生き方のエッセンスにヒントをくださった田辺さんにお礼を言い、宮野さんにバトンタッチして石見銀山の見どころを伺う。

「観光できる場所はたくさんありますが、一般的な場所では大森の町並みと、テレビによく出てくる龍源寺《りゅうげんじ》間歩《まぶ》という坑道です。でもテレビでは坑道だけしか出ないので、皆さんこの坑道だけが石見銀山というイメージを

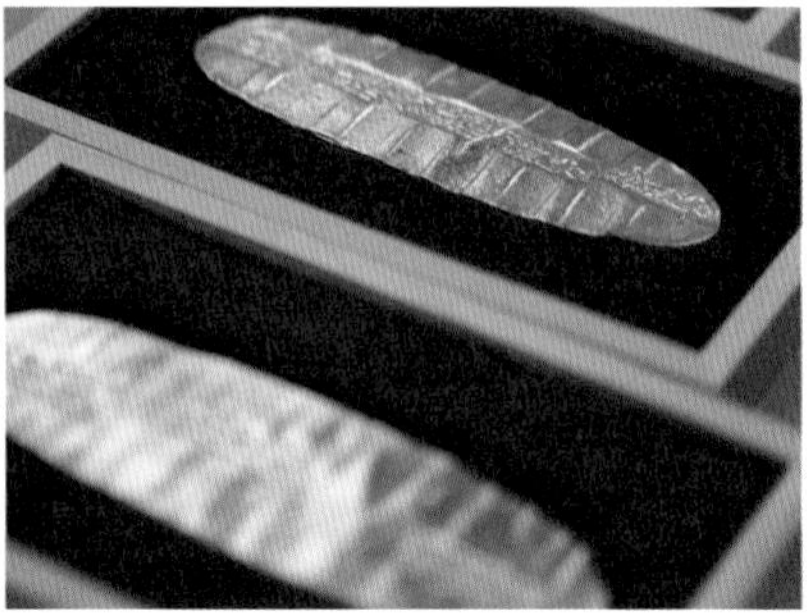

丁銀はなまこ形で重量は40匁（150g）前後

持たれていて……。龍源寺間歩以外にも、約１０００箇所の間歩があって、石見銀山はけっこう広い範囲の総称なんですが、みんな龍源寺間歩めがけて来られます。このセンターに来て、『石見銀山に行きたいんだけど』って言われると、『いや、もう来てますよ』って（笑）」

それは思わずツッコミを入れたくなるだろう（笑）。

「『石見銀山の遺跡はこういうものだよ』というのを、ここに来る前からもう少し皆さんの頭にデフォルトで入るような形になるようにしていきたいですね。もう少し知っていただけると、急に予定変更しなくても行ける場合もありますし」

Bパターンまで考える

「宮野さんご自身がお仕事や人生で持っているスタンスをお伺いできますか？」

「なんですかね……。自分が基本的に計画を立てる派なんですね。よく、計画ばかり立てていては進まないよって言われるんですが、例えばここでお客様になにかあったら取り返しがつかないので、やっぱりしっかりと計画

龍源寺間歩の坑道内では、当時のノミの跡を見ることができる

は立てて行わないとなって思っています。旅もそうですね。計画を一度すべて立てて、できなかったときはこうするということまで考えます」

いざというときのBパターン。私も、いったん頭の中で想定はしたいタイプ……。でも、やりすぎても難しいところはある。

「ガチガチにやり過ぎると、ちょっと柔軟性がなくなるんですよね。でもゼロだと次どうして良いかがわからない。ある程度決めておき、仮にどれかをあきらめなきゃいけないときのものを決めておくとかね」

優先順位が大事。なにかあったときに作戦Bがあると、メンタルが安定しそうだ。広島に続き、中国地方は「バランス感覚」を学ぶ旅だ。

このインタビューをzoomで終えた1週間後に中国地方へ出向いたのだが、事前にインタビューをしていなかったら、私も龍源寺間歩だけをめがけて、その時間しか割いていなかったところだったかもしれない。おかげで自分の予想を上回るエキサイティングな冒険心を感じられた旅となった。

石見銀山は、レンタサイクルで情緒溢れる歴史的な街並みとマイナスイ

龍源寺間歩までは車やバスで行けないため、大森の風情や森のマイナスイオンを楽しみながら走れるレンタサイクルで

オンたっぷりの森の空気を存分に感じながら走り抜け、その先でひんやりとした洞窟のような場所を歩いて探検することができる。帰り際に静かな趣のある中庭を眺めながら食べた群言堂のぶどうパフェは、シーズンごとに食べに行きたいぐらい繊細でこだわり抜かれた味だった。

最初は「当日ネイルとインタビューのスケジュールが合わない」と頭をひねっていたが、zoomインタビューに切り替えたことによって事前に石見銀山のことを聞けて、何倍も旅を楽しむことができた（いまの時代はBプランを考えられるツールがたくさんあってありがたい）。物事がストレートにいかないときにどうしておこうか、これからは前もってBプランをストックしておきたいものだ。

WORK

いま進んでいる道が途絶えたら、次の一手はどうする？ Bプランも考えておこう

なかなか
自分の道が
定まらない人へ

地球規模で観察し、足元から行動する

水色の澄んだ空、それよりも少し深めの青い海、そしてキャメル色の砂とともに、自分の左手のネイルを写真に収めたが……うーん、納得がいかない。中国地方旅の直前に自分に施した鳥取砂丘ネイルは、実物のそれと色合いがだいぶちがっていたし、数分前まで見ていた砂の超人的なアートに影響されて、もう一度アイデアを持ち帰ってデザインを考え直すことにした。

砂丘から徒歩で行ける「鳥取砂丘砂の美術館」は、世界でゆいいつ「砂」を素材にした彫刻作品を展示する美術館だ。2006年の展示から始まり2022年の時点で第14期となったエジプト編では、エジプトの遺跡や歴史、神話をテーマに、世界トップクラスの砂像彫刻家が手掛ける繊細でダ

お話を聞いた人

砂像彫刻家
兼プロデューサー茶圓さん

砂像展示の企画立案をする総合プロデューサー。ニューズウィーク日本版の「世界が尊敬する日本人100人」に選出

鳥取編

イナミックな作品を見ることができた。砂像彫刻家である茶圓《ちゃえん》勝彦《かつひこ》さんは鳥取砂丘の砂をこう評す。

「鳥取砂丘は、やっぱり砂の質が良いです。色も良いし。日本全国でも世界で見ても、海岸の数だけ砂の質のちがいはあると思うんですが、『うちにも砂があるから砂像やってよ』といわれても、できない砂の方が多かったり。彫刻といっても崩れるときは崩れるんですよね。砂なので」

……それはショックだ。

「いやあ、とてもショックですよ。砂像彫刻家は大雪崩のように崩落する経験を持っているので、夢を見ます。『あ〜また崩れた……』っていう（笑）」

　砂像彫刻コンテストの世界チャンピオンでもあり、世界を股にかけて活躍されている茶圓さんとは、美術館スタッフさんに無理を言って繋いでもらい、後日zoomでお話をさせてもらうことになった。お客様の爪の上では1ヵ月前後の寿命となるネイルアートと、一定期間展示をしたら崩してしまう砂像彫刻にはなにかしらの共通点があるのでは、と思いどうしてもお話を聴きたくなったのだ。

訪問前に自分に施した砂丘ネイル。実物の砂を目にすると色合いのちがいがよくわかった

砂の彫刻はもっともプリミティブで新しい芸術

「原始の人類が砂の表面に指で絵や文字を描いたり、手で盛って山を作ったり、砂は人類が最初に出会った造形素材だったことは想像にやさしい。いまでも砂を見ると親近感を覚えたり子供たちが無意識のうちに砂遊びを始めたりするのは、古い記憶から来るのかもしれません。他方で20世紀の100年間で人類は地球の規模を知ってしまった。地球上のどこにでも行けるようになり、燃料資源の枯渇の危機さえも見えてきて、サステイナブルというコンセプトも各所で導入されるようになった現在、一度作品を作っては元の自然に戻す『この時この場』でしか成立しえない砂像は、時流に合った表現方法かもしれない。そういう意味において『砂像はもっともプリミティブでもっとも新しい芸術表現』と思えるようになりましたね」

茶圓さんの考え方や会話は終始綿密に考え尽くされたうえでのアウトプットのように思えた。もちろん人生経験や活動スケールがけたちがいだが、自分の考えをもっとさまざまな角度から観察し、点検しなければ、ここまで誰もが首を縦に振れる考えまでには到達しないだろう。

鳥取砂丘砂の美術館では、2024年1月まで「砂で世界旅行・エジプト編」を展示。次回も楽しみ

させられ期間

「砂の美術館を始めた当初、かつては年間200万人来ていたという鳥取砂丘の観光客も130万人まで激減していました。『やがて日本の人口が減少の時代に入ると言われる状況では抜本的な取り組みが必要で、まずリピート客の創出が肝心ですよ』と美術館主管の市の観光課の方と話をしまして。見て感動した方に『来年もう一度来たい』と思わせる仕掛けが必要だと。そのときに思いついた手法がシリーズ化でした。『砂で世界旅行○○編』とタイトルを入れて、砂の彫刻の中で毎年世界旅行をしたような気分を味わってもらえたらということになったのです」

根強いファンになってもらえるか、そして何回も来てもらえるか。ネイリストの自分をはじめどんなお仕事をしている人でも共通して、今後日本で仕事をするにあたっていま以上に大切なことになるだろう。1回ぽっきりの関係性では縮小する一方になっていくのが、これからの日本だ。

茶圓さんには、見すえる力というか、先見の明があるのだ。そのような力はどうすれば身につくのだろう？

#19「ナポレオンのエジプト遠征とロゼッタストーンの発見」

「人生のなかで、自分の思い通りにいかないことが多すぎて。自分のやっていることに自信がなくて、本当につらい『させられ』の時期を過ごしましたね。そのぶん、いろいろなアンテナを張って、理論武装をしているうちに、判断力が身についた気がします」

美大を卒業し家業を手伝うため一度は芸術の世界から離れた茶圓さんだが、地元鹿児島の街おこしで砂像に出逢った。当時は「どうせ砂遊びだろう」と見ていたものの、美大出身の経歴と腕を買われて手伝わ〝された〟のがきっかけだ。その後も地元のイベントを手伝うもボランティアの日々が続くなか、砂像彫刻の世界選手権に招待され、茶圓さんいわく「間違って優勝」してしまったが、それでも自分が「砂像彫刻家としてやっていく」という確信にいたるまでにはかなりの時間を要したという。

人生の年表をさかのぼり、茶圓さんのキャリアを煮詰めた時間（茶圓さんの言う〝させられ期間〟）を計算すると、なんと20年。人生、ここまでの時間をかけて模索し、考え続けるというパターンもあるのだ。

「いま、茶圓さんが大事にしている言葉やモットーってなんですか？」

「家業を手伝っていた若いころに日本青年会議所に所属〝させられ〟（笑）

#17「クレオパトラ」

ているときに出会った『地球規模で考え、足元から行動せよ』というフレーズはアリだなと。人類が地球の大きさを知り、地球上のすべての人が情報を発信できる時代。当然地球規模で発想すれば、目指すべき方向性は見えてくる。自分の足元はそれぞれちがうので、いま自分がどこに立っているのか、いま自分になにができるのかを正しく理解することが大事で、その言葉は問いになりました。させられ、流されてきた人生、立ち止まってつぶさに自分の周りを分析したときに見えてきたものがありましたね」

着眼大局《ちゃくがんたいきょく》・着手小局《ちゃくしゅしょうきょく》。茶圓さんとのｚｏｏｍが終わりパソコンを閉じたとき、私がいまよりも〝させられ〟だった仕事をしていた数年前に耳にした言葉が、脳裏から浮かび上がってきた。

WORK

確信が持てていなくても、自分の立ち位置を踏まえ
明日なにをするか考えてみよう

親の顔色を伺ってきた人へ

親の期待に感謝し、自分のやり方を信じよう

岡山編

カメラマンのゆうたさんの故郷でもある岡山で向かった先は児島《こじま》ジーンズストリート。ずらりとデニムのお店が並ぶ通りのひとつにあるBLUE SAKURAというブランドを作っている会社が今回の目的地だ。店内のデニムをよく見ると、デニムもひとつひとつ模様やちょっとした風合いが違っており、いざ買おうとなると目を凝らして選びたくなった。

やれるものならやってみろ精神

そもそもなぜ児島にはジーンズのお店がたくさんあるのか。デニムをつくっているWHOVAL《フーヴァル》の次期社長、石橋さんが教えてくれた。

「なぜ児島でこんなにデニムが花開いたかといえば、昔は学生服の街で縫

お話を聞いた人

株式会社WHOVAL
石橋さん

次期社長として営業活動、外部とのやり取り、デニム加工現場でのお仕事をしています

いものの技術があった名残なんです。学生服の需要も減ってきて、海沿いでも育てやすかった綿花がデニム用に使われるようになって、児島が最初に〝デニムの聖地〟と呼ばれるようになりました。そこから僕らみたいな加工場が生まれ、いまでは児島だけでも30〜50はあると思います」

　そんなにあるなんて！　そのなかで差別化をしていくのは大変そうだが、自社ブランドの強みはなんだろう。

「現在の特徴では、サスティナブルな面ですね。洋服を作るときの排気ガスや大気汚染など環境への負担をかけている大きさはかなりのもので、環境負荷の高さでいえば航空業界が1位、その次がアパレル業界なんです。うちも加工場なので水を大量に使うんですね。綺麗にしてから排出してはいるものの、海外から新しいNANOMISTという機械を日本で初めてうちが導入して、水の使用量をガクッと下げられました」

「環境的にも優しく、かつ会社としての強みでもある技術は、今後他社にも広めていこうという動きはあるんですか？」

「数年前に機械を使って実際に加工する展示会をやりましたが、ブランドやメーカーはもちろん、加工場さんもいました。調査目的で来られた加工

児島ジーンズストリート

場もあったんですが、技術は隠さずに広めていった方が良いという方針ですね。同じ風合いにできるならやってみろという僕らの強気な自信でもあるんですけど（笑）」

ネイルも、デザインのやり方をはじめとする技術、使う道具などの問い合わせもあるのだが、作る人によってアウトプットされるものの雰囲気は全然ちがうので、惜しまずにお答えすることも多い。手を進めながらデニムとネイルの共感ポイントを探っていった。

秒単位、ミリ単位の戦い

やっぱり風合いを表現するのは難しいんだろうか。石橋さんはしきりにうなずく。

「もう、全部が難しいんですよ（笑）。ゴールがなくて。最初は濃い色から洗ってだんだんと色を落としていくんですが、その洗いも何工程もあって、その先をイメージしながらちょっとずつ色を落としていかないといけません。作り直しやイメージ通りじゃないと買ってくれないというプレッシャーのなかでやっています」

BLUESAKURAは「青桜」。まだ世の中に存在しないものを生み出したいという願いを込めた名前

繊細……！　1回色を落としてしまったら後戻りはできないのだ。

「戻らないし、しかも直し直しってすると、ずっと時間がかかってもっとダメになる。最悪なサイクルに陥るんです。ブリーチは、1分で色がものすごく変わるんですよ。その1分が難しいなって。これは技術、経験がないとわからないと思います」

　ネイルは1ミリ、1ミクロンの世界だが、デニムは1分1秒の世界。その1ミリや1秒がズレるととんでもなく仕上がりに影響が出てくるのだが、それを見極めることこそプロの道。どんな世界でもたくさんの試行錯誤のすえ、繊細な感覚が積み重なっていくものなのだろう。

　ネイルインタビューを続けていると、現代表であるお父様（とてもお若い）が来てくれて、両親のお話になったところでこんな質問をする。「親子でスタンスや考え方のちがいはありますか？」石橋さん（息子）は答える。

「価値観のちがいはないですが、性格はまったくちがう。真反対くらいじゃないかなと思います（笑）。父親のような営業の仕方はできないですし、自分は別のやり方があるなと思ってやってます。良いも悪いもやってみんと誰もわからんもんで。『そう思うならやれ』って言ってくれるのはすごくあ

りがたいですね。時代も変わっていくから親のやり方をしよっても、いまの時代の変化だと続かんかもなっていうのは感じるときもあるので。……とはいっても一番尊敬しています」

あんなお父さんいたらすごいなあ。圧倒されそうだ。

「負けたくないですけどね！　土台は使わせてもらいます（笑）」と石橋さんは負けん気を見せる。

親の言うことだけをきく人生、親の顔色を伺う人生、親に反発する人生……。親へのリスペクトと感謝とともに『自分で作っていくんだ』という意識をしっかりもっている石橋さんは、自分の人生への責任感みたいなものが圧倒的にちがう気がした。そういえば私自身のいまの仕事や生活も、私の選択を尊重してくれ、応援してくれた両親がいてくれてこそだ。

最後に、仕事で一番大事だと思っていることを聴いてみた。

「元気は一番だなってめっちゃ思うんですよ。お客さんのところに行って元気ないやつが営業してきても、大丈夫かってなるじゃないですか。お客さんが来て現場見てまわるときも、元気な方が活気があって良いなっていうのもありますし」

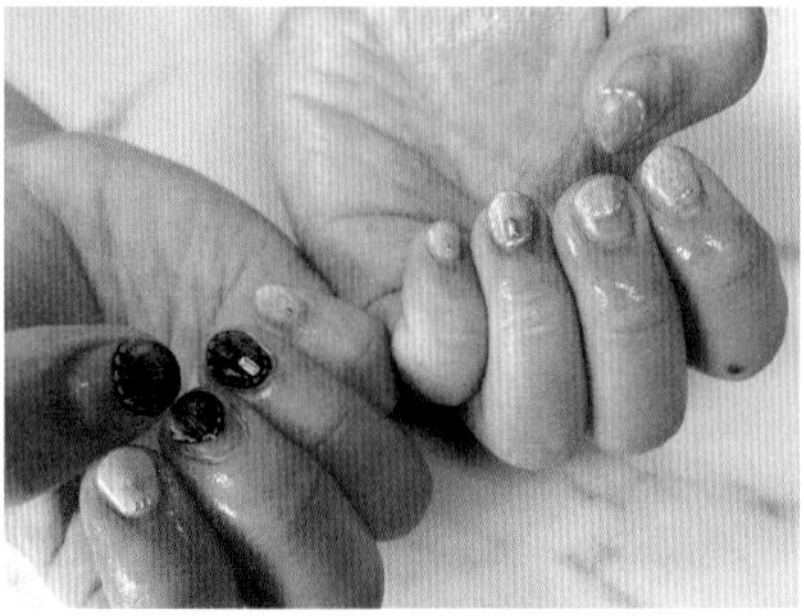

繊維の入った特殊なジェルを使用。スポンジでデニムの風合いを表現し、ホワイトで模様をつける

石橋さんのように自分で考えて、自発的に行動している人は意欲もあるから元気な印象を受けるし、私自身も主体的になっているときと受け身で取り組んでいるときの気力には雲泥の差がある。テキパキと意欲的に過ごしている日の方が、ダラダラとなにもせず過ごした日よりも疲れていないのだ。自分で色々と動いているから元気になれるのだと思う。いよいよ県数日数ともにボリュームの大きい九州旅に向けて、すぐに準備を始めた。

WORK

親の顔色を伺ってなかなか動けない人は、いま一度自分の人生について自分と作戦会議をしてみよう

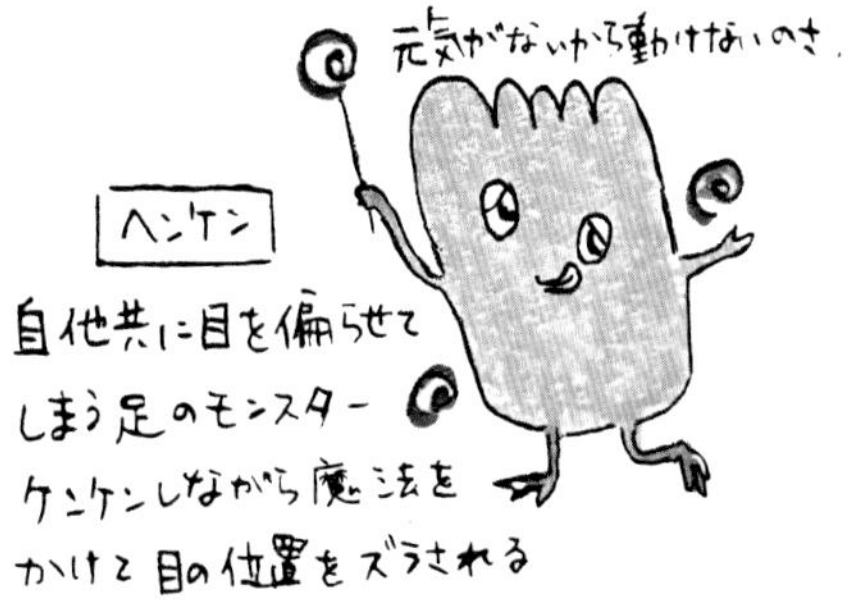

口角が
下がってしまう
人へ

振り返って浮かぶものは、笑顔の記憶

長崎編

福岡空港からレンタカーに乗り換え、九州旅の最初の場所へ向かった。人生初九州でありながら、10日間で全7県をまわりきるというミッションを掲げてスタートを切ったこの旅は、『水曜どうでしょう』を彷彿《ほうふつ》とさせた。

軍艦島《ぐんかんじま》デジタルミュージアムでは、ＶＲ技術を使って普段立ち入ることのできない島内の風景を臨場感たっぷりに観ることができ、軍艦島（端島《はしま》）をテーマにしたアート作品や大学機関の研究などが展示されている。その歴史や生活の様子をしっかり予習して、いよいよ軍艦島へ船で上陸（途中には世界遺産として軍艦島とともに登録されている明治の産業革命遺産も堪能できる）。

その地の光景は、廃墟という言葉だけでは完結しない、たしかにそこにたくさんの人の愛や活気があったのだというエネルギーを感じた。島の奥

お話を聞いた人

軍艦島コンシェルジュ
鵜瀬さん、木下さん

鵜瀬さんはミュージアムで受付案内を、軍艦島出身の木下さんはミュージアムガイドとして当時の歴史や生活を伝えています

まで進むと、いまにも崩れそうな軍艦島の代表的な建物「30号棟」が青い空の下で息絶え絶えに灰色に佇んでいた。

　これまで軍艦島コンシェルジュとしても島内でサポート業務をしてきた鵜《う》瀬《せ》さんが話してくれる。

「30号棟は1916年に建ってから104年目に入るのですが、台風が来るたびにみんなで大丈夫かなあ、潰れてないよねえって会話を毎回しています。専門家が建物の余命を調べて、昨年ぐらいにはもう半年で崩れてしまうだろうと言われて、すでにその時期は過ぎているんです。だからいつ倒れてもおかしくない。ハラハラです」

上陸できなくても楽しめるように

「じつは軍艦島はずっと来たかった憧れの場所だったので、30号棟がまだあるうちに見に来られて良かったです。ミュージアムの内容も軍艦島ツアーのサービスも大満足でした……！」

「うちは良い意見はだれのものでもちゃんと反映してもらえて、こうしたらもっと良くなるんじゃないか？　という提案もすぐ言える雰囲気です。

世界文化遺産の構成群のひとつ「旧グラバー住宅」にも寄った

例えば船酔いするとツアーを楽しめないので、どうしたら船酔いをしないかを勉強して、糖分を摂ると良いから飴をお客さんにご提供するのもひとつで」

たしかにツアー中は随所にいろいろな気遣いを感じられた。軍艦島の説明をするときに、全員が見やすいように同じパネルを3人ぐらいのスタッフさんがそれぞれちがう場所で上げられていて、細やかだったなあと振り返る。そんなスタッフである鵜瀬さんに、とくにお仕事で大事にしていることを伺うと、ニコニコして「笑顔でしょうね！」と答えてくれた。

「最初はなにもできなくても良いから、笑顔だけは絶やさないようにということを習いました。なにをして欲しいか察するのは経験を積まないとわからないですが、笑顔とあいさつは誰でもできること。軍艦島は海の影響で上陸できないこともありますが、落ち込まない。そのぶんVRや3Dで立ち入り禁止区域までゆっくり観ることができるから、しっかり笑顔で案内します。お客さんから『上陸できなくても、良かったよ。また今度チャレンジしに来るね』って言っていただけたときは良かったなって思いますね」

お話しながら作っていった軍艦島ネイルは、47都道府県のなかでもめず

軍艦島が近づいてきた

らしいモノトーンの配色だ。炭鉱の採掘がメイン産業だった島内のように、片手は石炭カラーをマグネットネイルでキラキラにして、もう片手は白黒のニュアンスに30号棟やX階段など、代表的な見どころの風景を描いていった。仕上げに入るところで、軍艦島で生まれ育った木下さんにお話を聴いてみた。

本土に来たときは、広すぎて面倒くさいなって

「軍艦島には12歳まで住んでいました。中1ですね」

「当時の生活の様子や、本土に来てからの違いはどうだったかぜひ聴きたいです！」

「人はね、多いなというよりかは、うじゃうじゃいたなって（笑）。ほぼプライバシーがない。なんでも丸聞こえで、その人の事情はすべてわかっちゃう感じでした。本土に来たときは、広すぎて面倒くさいなって思いましたね。目的地にはなかなか辿りつかないし、アパート同士も繋がってないという。だから、逆に端島が良い場所だと思いましたもん」

三つ子の魂百まで。個人的には本土に来たら広くて人も多すぎず過ごし

軍艦島の建物は崩落が進んでおり、今後いつその姿が変わってしまうかわからない

やすいのかと思いきや、逆のアンサーに驚いた。生まれたときから手を伸ばせば必要なものが手に届く環境から、車を使わなければ用事も済ませられない環境に適応していくのはさぞかし大変だったのだろう。

　自分の故郷がいまにもなくなっちゃいそうな状況って、日本人としてはなかなか居ないと思うが、感覚的にはどういう気持ちなんだろうか。

「端島自体が無人島になったときには、自分たちにはもうふるさとがないと感じていました。ですから、逆にいまは世界遺産になって、無人島になったとしてもそれが残されていくなら良かったねって安心する人もいます。でも僕らが住んだ島はもうないよ、こんな朽ちた端島は見せたくないっていう人もいる。島民のなかでもいろいろな意見があるので、一概にこうですとは言えないけれどね。どっちの気持ちもわかるし」

　にぎわいの時を知っているからこその、木下さんのミュージアムでのナレーションには、すごく臨場感があった。今後は島民としてどういうことを伝えていきたいかを聴いて、インタビューを締めくくる。

「僕らとしては、こういう島があって、そのなかで暮らしていた我々は本当に楽しかったということ。負の遺産と言われている面もあるけれど、楽

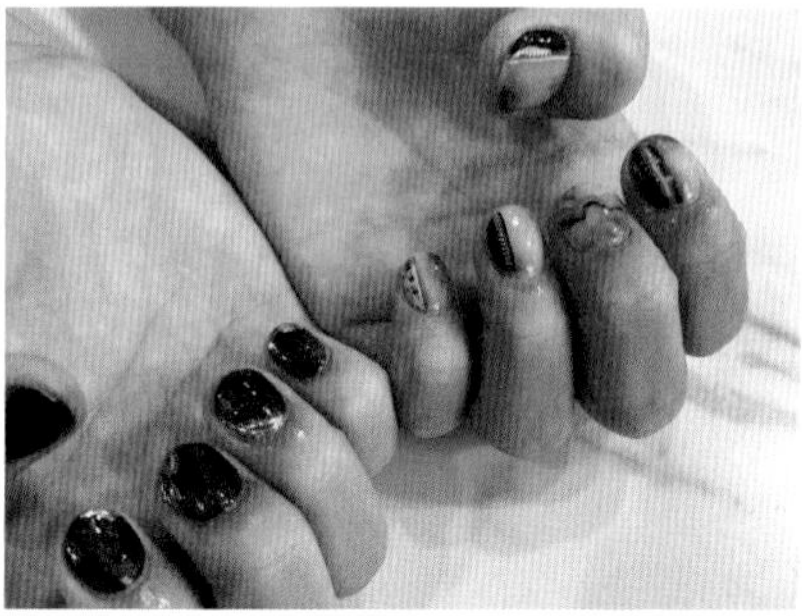

石炭のニュアンスと、代表的な建物の30号棟やX階段をあしらう

しく過ごした故郷を今後も皆さんに伝えていきたいというのはあります」

移り変わる時代のなかで、生きている間に自分の生まれ育った故郷がなくなってしまう人生もある。それでも過去の楽しかった思い出や笑い合った情景を、いまでも伝え続けてくれる人たちがいる。

日本のいたるところで「人口は確実に減る」と耳にするが、木下さんのように故郷に思いを馳せながら「こんな場所があったんだよ」と次世代に語り継ぐ人はどんどん多くなっていくのだろう。過去の話は笑顔とともに未来に繋げていきたいものだ。

モノトーンの光景が広がる軍艦島への旅は、鵜瀬さんと木下さん、軍艦島コンシェルジュのスタッフさんたちのおかげでカラフルに彩られた。

WORK

状況や条件に左右されず、
つねに口角は上げていよう

独学でなにかに
取り組んでいる
人へ

未来へ繋ぐ仕事にできるかどうかの境目

佐賀編

ズラリと焼き上がりを待つ、白い有田焼《ありたやき》の大小さまざまな器。つるんと綺麗に焼きあがっているものからヒビが入っているもの、完全に割れてしまったものなど、多種多様な運命が棚に置かれていた。

明日また描けばいい

お話を伺う絵付師の美保さんは実家も窯元《かまもと》で、幼いころから有田焼に慣れ親しんできた。

「一番緊張するのはやっぱり焼き上がりですね。１３００度の温度を自分でコントロールできるかっていったら自分の力は到底及ばないじゃないですか。そのときの気温とか天気や、窯の中で置いている位置でも、発色が

お話を聞いた人

坂本窯陶工房
有田焼絵付師　坂本美保さん

実家の窯元の手伝いに加え、坂本窯陶工房で伝統的な有田焼の絵付け師として有田焼を後世に引き継ぐ活動をしています

変わるんです。頑張って描いたのに途中で欠けさせちゃうこともあるし」

めちゃくちゃ一生懸命描いて、そういう結果になったときのメンタリティってどういう感じなんだろうか……？

「それは職人だから割り切っています（笑）。がっかりしてられないですよ。はい次、はい次って。農家さんとちがって、年に1回しか作れないわけではないから、明日また描けばいい。明日描いたモノがもっと良いかもしれないし」

なるほど！　ネイルもそういうメンタルでやっていこう、私も。

美保さんは、美術系の大学を卒業して、絵付けの仕事を実家で始めて20年。ご自身でも活動をされるなかでさまざまな窯元さんと出逢い、その一人がいまの旦那様だ。佐賀県ならではの出逢い方を経て、夫婦2人3脚で、それぞれの窯元で有田焼を作っている。

話好きでいつもお客さんに説明する係だという達也さんが教えてくれる。

「有田焼の魅力といえば、泉山《いずみやま》の磁石場《じせきば》。そこを見てもらえたらわかります。文禄《ぶんろく》・慶長の時代、豊臣秀吉公が当時の朝鮮半島に唐入りした時代、焼き物の仕事は朝鮮では被差別民の仕事でした。佐賀藩の軍勢が朝鮮に攻め

窯元の煙突にサンタを付ける美保さん発案のプロジェクトをはじめたのが2人のなれそめ

入ったとき、道案内役の朝鮮人を３人雇ったんだけど、秀吉公が亡くなって日本に軍が帰ると、その人たちは自国にとっては裏切り者だから殺されてしまうわけよ。『だったら日本に来て、雇うし苗字帯刀できるし家も与えるよ』って。当然日本に行くよね？（笑）それで、その人たちは佐賀藩の船で帰ったわけ。当時白い焼き物を作るっていうのは、いまのＡＩ技術みたいな最先端工業。その秘密を朝鮮陶工は知っていたわけだから、諸大名みんなが連れて帰った。それから焼き物の材料になる鉱脈が泉山で見つかった。それまで有田には猿しかいなかったけど、そこに町ができるわけ。そのときの山が江戸時代から４００年かけて全部窪地になった。それは見て欲しいのよ。そこに立ったら、俺がいま言った物語が一目でわかるわけ」

それはぜひ見てみたい……！　達也さんが続ける。

「もうひとつ、九州陶磁文化館も見て欲しい。朝鮮人が来て有田焼ができて、最初10年ぐらいでできた焼き物が、もうすごく良いのよ。『朝鮮人は日本に連行された』と言う人もいるけど、希望を持って日本に来て仕事したのがわかる。いまの感覚で例えるならば日当は20万、家もあげるし奥さんもここから選んで良いよとか言われたら、『俺やるっす！』ってなるやろ

美保さんが絵付けした達也さんとの合作の有田焼

（笑）。そんな人がどんな仕事したかっていうのは、もう見たらわかる。嫌々やる仕事とルンルンでやる仕事、全然ちがうんですよ」

ラジオ番組のような達也さんの軽快な有田焼の歴史トークに耳を傾けながら、美保さんの絵付けのお話にソフトランディングしていった。

自己流でやるなら有田焼じゃなくてもいいじゃないですか

「絵付けは、独学から入っていったんですか？」

「そうですね。有田焼の絵付けを特別学校で学んだわけではないので、いきなり会社に入って、『はい、これ描いて、はい、これ描いて』っていう感じでした。基礎をぶっ飛ばしてしまったので（笑）、いまはまた勉強し直して、有田の伝統的なベーシックな絵付けをもう1回習い直しています」

「天才肌ですね……！　自分で最初は独学でやってみて、あらためて基本に立ち返ってみてどうですか？　なにか気づきとかありますか？」

「そうですね。もちろん好きに描いても良いんだけど、有田焼の先生にきちんと習うと、道具をていねいに扱いなさいとか、できるだけ汚さないで道具を使うとか、筆をつねに整えるとか。完成した絵を見るだけじゃなく

「赤・金・緑」色で鮮やかな絵柄を施す特徴的な文様は柿右衛門（かきえもん）様式と呼ばれる

て、その前の姿勢から意識を向けるんですよね。400年以上も歴史があるぶんの理由があるのを感じます」

書道やお茶のお点前にも、準備の段階や所作から意識を向けるが、時代を超えて受け継がれるぐらいの偉大な仕事は結局、「どのぐらい心や身の回りを整えて仕事に向き合えるか」と大きく関連しているのではないか。美保さんのお話を聴いて、ネイルの筆にジェルの色が付きっぱなしになっているのを慌ててふき取った。

美保さんの爪に施した有田焼ネイルは、紺色とホワイトをベースに唐から伝来してきた唐草模様をあしらいながら、工房のお皿の模様を参考に絵柄をひとつひとつ描いていきながら、お仕事で大事にしていることを聴く。

「これまでは自己流が多かったので、ちゃんとした有田の歴史のなかで培われたトラディショナルな有田焼を、自分でも受け継いでいけたらと思っています」

入口は自己流で、その後に伝統的なスタンスを学ぶという順番もある。

「そうですね。入口がちょっとちがうだけで。自己流でやるんだったら別に有田焼じゃなくても良いじゃないですか。やっぱり有田に生まれて、有

田焼の職人もやってきてこの歳になったら、受け継ぐことを大事にしたいです。生まれるところは選べないですからね」

ネイルが終わったあとは泉山にも案内してもらった。

完全に跡地となっているその場所からは、400年以上も前にルンルンで山を掘る仕事に取り組んでいる当時の人々の活気が残っているような気がした。

WORK

身の回りや道具を整えたり、姿勢を正したり、気を引き締めたりすることから意識しよう

泉山磁石場。17世紀初頭に良質な陶石（とうせき）が発見され、日本で初めて磁器の大量生産に成功

自分の才能がわからない人へ

目の前の人には必ず価値と意味と才能がある

福岡編

なんだかいつも以上にお腹が空いてきた。次の日にインタビューをする施設の見学を先にしてしまったからだろうか。博多明太子、豚骨ラーメン、もつ鍋、鶏皮……福岡発祥の食べ物や郷土料理は、こうして来てみると、かなり多いことに気づく。カラスミはボラの卵、明太子はスケトウダラの卵なんてことも知らないままに美味しくいただいていたのだが、ハクハクではあらためて食への探求心とありがたみが、創業者の生き方や理念、生き物たち、歴史などさまざまな角度から掘り起こされる。

　夜に中州《なかす》エリアの〝たっちゃん〟という屋台でひと通りの博多グルメを堪能できたおかげで、ホテルに帰ってから食品サンプルのような小さなパーツをあらかじめ作って次の日のインタビューに望むことができた。

お話を聞いた人

博多の食と文化の博物館
ハクハク館長 高尾さん

福岡・博多の魅力を体験できる「ふくや」の観光施設の館長。イベントや施設全体の企画運営、マネジメントをおこなっています

まずは身内が一番応援してくれないと

ハクハク館長の高尾さんが、最初にふくや創業当時の話をしてくれた。
「創業者が戦争へ行く前に購買担当で生活物資の仕入れをやっていたことと、戦地で餓死する人たちを目の当たりにしたこともあり、人が生きていくためになにが必要かっていうときに、やっぱり食べ物だと痛感したそうで。博多に引き揚げてきて、人が生きていくために必要な食料品の取り扱いをはじめたんです。ハクハクは観光施設で、社内のなかでも異色の部署です。まずは私たちの企画やイベントに身内の社員に来てもらって楽しんでもらうことで、『福岡にはハクハクがあるよ』とか、『明太子作れるよ』とか周りに広めてもらい、お客さんが来るようになると信じて社内のPR活動もやっています。身内が一番応援してくれないと駄目ですよね」

明るくお話しする高尾さんの雰囲気からは、周りの人への優しさと信頼と包容力を感じた。

「うちは社員600人ぐらいですが、組織が大きくなってくると縦割りになって、一人ができることも限られてくるんですよね。でもそれじゃもっ

夜の中洲エリアにはラーメン、おでんに焼き鳥、バー……さまざまな屋台が並ぶ

たいなくて。仕事をやるならそこから自分が得意なことや好きなことを見つけて、仕事が楽しくなれば人生も充実するじゃないですか。どこの企業で働こうとその人の自由だけど、ここで自分の強みに気づいて才能が開花すれば私は嬉しいですね。いなくなったらそれはもう大打撃ですけど（笑）」

　私も大学生のころにケーキ店のアルバイトをしていたが、ブラックボードに新商品のケーキのイラストを描いてとお願いされ、絵を褒められたことがあった。「お客さんがその看板を見てケーキを買ってくれたよ」って当時の店長が言ってくれたそのことが、もしかしたらネイルの原点だったかもと、たまに思うのだ。

「そういうものの積み重ねですよね。自分では当たり前にできるから、意外と人から言われないとわからないかもしれない。人に見つけてもらえると、『あれ私ちょっと得意なのかしら?』ってそれで一気に変わったり、自信持ったりね。だから各自の強みが、みんなのために活かされているときは、気づいたことを伝えています」

　その言葉通り、高尾さんはネイルのひとつひとつや私の仕事に対してもものすごく褒めてくれて、大いにエネルギーをもらった。こんな上司が世

「たっちゃん」で食べた博多ラーメン
（豚骨ラーメン）

の中にたくさんいたら、私だったら10倍増しで仕事も頑張れるだろうなと心底感じた。

自分の良さに気づくお手伝い

ハクハクができる以前の高尾さんはどのような仕事をしていたのだろう。

「前は店舗にいて店長やエリアマネージャーをしていました。でもそのときは全然こんな考えは持っていなくて、むしろ自分が売り上げあげたいとか、誰かに褒められたいみたいな、しょうもない人間だった。でも年齢を重ねていくにつれ、人としてそれはダメかもって感じて。そんななか館長の役割を与えられて、自分はなにができるかなって考えたときに、人と話すことが好きなこととポジティブさを活かし、笑顔と明るさで勇気づけができると思いました。自分も自信を失って辛かったことがあったからこそ、自分に自信がないと思っている人に小さな成功体験を重ねながら自信を取り戻してほしいなと思うおせっかいな性格なんです（笑）」

「チームのみんなが自信を持って仕事できたら、ものすごく相乗効果を生みますよね」

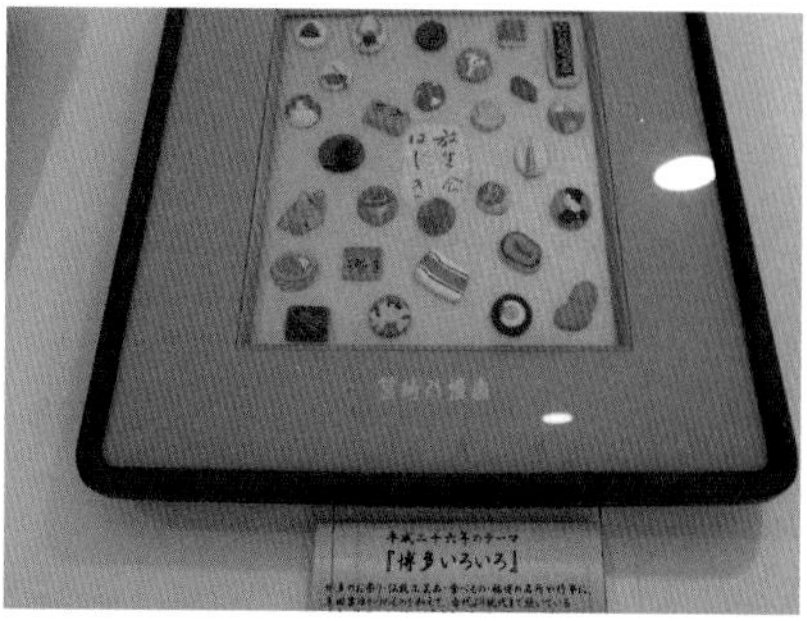

博多名物がおはじきに。なんだかネイルチップに似ている

「例えばうちのスタッフでも、人とのコミュニケーションが苦手で、目を見てしゃべれないのに接客業に応募してきた子がいました。採用したものの最初はその子の強みがどこなのかすらわからなくて、これじゃいかんと思って、〝ストレングスファインダー〟というものを勉強したんですよね。自分が当たり前にできている、無意識に繰り返す行動と思考の習慣、思考パターンを34の資質として出すものなんですけど。それで調べると、すごい責任感、慎重さ、公平性があって、みんなが嫌がることでも地道にコツコツできるし、めちゃくちゃ真面目なので時間ギリギリに来ることも絶対ない。いま本人の行動が良い点として生かされている場面を本人と一緒に考え、本人が簡単にできることから取り組みました。朝早く来るので全員のパソコンを立ち上げるとか、朝のちょっとした準備をすることでスタッフも助かって、『ありがとう』の声がけが朝の光景になりました。その積み重ねでみんなに喜ばれるとだんだん自信が出てきて、そのうちに一気に成長したんですよね。前より本当に笑うようになりましたね」

　才能を見抜いて、活かして、伸ばす天才。それが高尾さんの才能だ。博多のグルメパーツとキラキラつぶつぶの明太子を施したネイルが完成し、

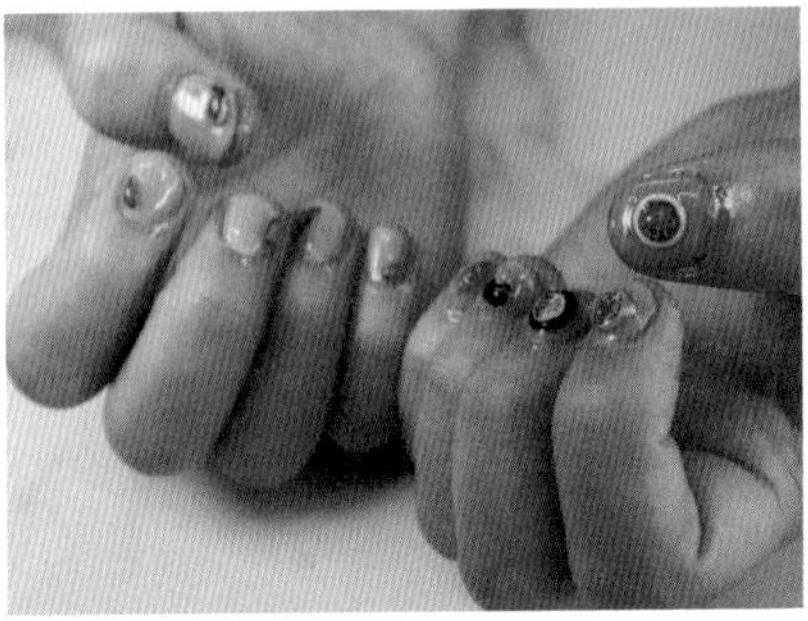

爪にのる極小サイズの屋台名物。明太子、焼き鳥、明太子おにぎり、博多ラーメン、もつ鍋、丸天うどん

それを見た高尾さんの反応は書くまでもないほどだが、大絶賛してくれた。

「せっかくならそれを使いこなした方が良いんですよ。才能って自分のために使うんじゃなくて、人のために使って始めて意味があると思います」

ハクハクをあとにして大分の別府へ向かう道中は、私もゆうたさんもいつも以上に自信とエネルギーに満ちていた。この日は47都道府県でゆいいつ1日に2県ネイルインタビューをする日だったのだが、あと3県ぐらいできそうだ。

WORK

目の前の人にはどんな良いところがあるのか？
見つけて相手に伝えてみよう

誇れるものを
持ちたい
人へ

これだけは譲れない〇〇マニアになろう

大分編

福岡からそのままの足で急いで別府《べっぷ》に向かい、午後を過ぎたころに亀の井バスに辿り着いた。総務をしている竹田さんが地獄めぐりのバスツアーの歴史を話す。

「バスガイドの日本発祥の地がここなんです。地獄めぐりのバスツアーに少女車掌を乗せて巡らせたのが、当時のバスガイドの始まりで。定期観光で毎日走っているのは、地獄めぐりのコースだけですが、これはもう創立の1928年からずっと走っているんですよ」

「そう考えると、100年ぐらい続いているんですね！　その地獄めぐりのバスツアーの魅力ってどのようなものなんですか？」

この質問には、深迫さんがお答えしてくれる。

お話を聞いた人

亀の井バス竹田さん、
李（り）さん、深迫さん

大分別府市を中心にバスを運行する亀の井バスで竹田さんは総務、深迫さん、台湾人の李さんは営業を担当しています

「まずバスに角が生えているラッピングバスは、すごいド派手です（笑）。写真映えするのでそれを楽しみに来られているお客様もいらっしゃいますね。地獄は全部で7つあって、5つの地獄がまとまってあるので自分でも歩いて巡れるんですけど、地獄に着くまでのバスのなかも別府市内の窓から見える色んなスポットの説明もガイドさんがしてくれるので、せっかく別府に来たなら定期観光バスに乗っていただく方が全部巡れます」

台湾から留学で日本に来て、その後、亀の井バスに就職したという李さんも言う。

「あとうちのガイドさんは、七五調といわれる案内をしているんですよ。私はできないけど！　要所要所で歌のような案内があって、七五調といいます」

それは聴くのが楽しみだ。ガイドさんはそのために練習されているのか伺うと、竹田さんが教えてくれた。

「台本もありますし、4月に入社してだいたい6月ぐらいにかけて、まずは定期観光の内容を叩き込んでデビューします。そのときにはガイドが卒業した学校の先生や親御さんに、発表会として見に来てもらいます」

亀の井バスの皆さん。「別府地獄めぐり」の観光バスには鬼のつのが生えている

定期観光バスマニア

ずっと気になっていたことを聴いてみた。「温泉マニアとか、地獄めぐりマニアみたいな人っているんですか？」

「あ、いますね。××さん……。地獄めぐりというより、多分うちの定期観光が好きで（笑）」と深迫さん。李さんも続けて、

「100回目とか200回目のキリの良いときに自分で旗を作って、自分で写真を撮られてます（笑）」

そんなに来ているとは！　けっこう年月かけてそうだが、おじいちゃんなのだろうか。竹田さんが少し笑う。

「いや、40代後半……。今年の7月で222回も乗っちょるけんね！　Facebookに載ってる（笑）」

「うちの売り上げに貢献してくれている……！（笑）」

「うちのバスは午前午後の部があるんですけど、1日で2本、一番前に乗って。ガイドさんの話を聴かずとも全部わかってるし、売店のおばちゃんたちとも仲良しなんですよ。もうね、ちょっと特殊な人やね。かなり。お気

に入りのガイドがおったんかもしれんけどね」

それはSランク顧客だ。温泉マニアみたいな人がいるのか気になって聴いたが、予想の斜め上をいっていた（笑）。深迫さんも言う。

「温泉道名人はたくさんいますね！〝スパポート〟っていうパスポートがあって、別府の各温泉施設で入ったらスタンプを押せるんです。全部で88か所あって、そんだけ周らんといけん（笑）。観光客で私が話した方では、『1日で12個巡ってきました！』とかいらっしゃいましたね」

「1日で！　別府の温泉はほかの温泉とちがうところはあるのですか？」

「温泉によってもちがうけど、別府の温泉はちょっと熱めなんですよね。個人的に、疲れの取れ方もちがう気がします！」

どの分野にも、異常なほどにマニアな人はいるものだ。特定の分野で〝異常値〟を出すことによって、自分のアイデンティティになったり、自分のいないところで話があがったりするのを考えると、「〇〇に関しては誰よりもやっている」と思える量をこなせているものはどんなことでも面白い。

温泉道名人も調べてみると、レジェンドや殿堂入りしている人はテレビで取り上げられていた。200回以上定期観光に乗っている地獄めぐりマ

親指には亀の井バスのイメージキャラクター「かめたん」

ニアのおじさんも、知らないところでこうやって本に書かれるぐらい、自分の没頭していることが世の中に広まっているわけだ。

　地獄めぐりのパンフレットを参考にしながら、それぞれの地獄の特徴を李さんの爪に再現していったネイルはかなりカラフルだ。ホワイトのジェルで湯気の感じを、小指には鬼のパンツ柄をゴールドで表現し、デザインを締めてみた。明日巡る地獄めぐりのバスツアーで、実際の地獄の色合いを見るのがますます楽しみになる。

　李さんが「竹田さんは私にとって日本のママなんです」と話すほど、3人は仲良い雰囲気だ。九州でお話を聴いている会社は、とくに団結力があり、アットホームな様子だ。いくつもアイデア出して素敵な取り組みをしていて、それはポジションとか関係なく、人としてなんでもコミュニケーションできているからだろうな。竹田さんと李さんがはつらつとして言う。

「報連相ね！」

「報連相ですね！」

　次の日、別府駅から出ている地獄めぐりバスツアーに参加した。翡翠《ひすい》色

噴出時には透明だが、池に落ちて温度と圧力の低下で淡い青白色に変わる「白池地獄」

のような海地獄、いまにも閻魔《えんま》様が出てきそうな真っ赤な血の池地獄、間欠泉が30メートルほど吹き出す龍巻《たつまき》地獄、和風庭園の中で青白く湯気を立てている白池地獄、灰色の熱泥がポコポコと音を立てて湧き出ている鬼石《おにいし》坊主地獄、何十匹ものワニが泳いでいる鬼山地獄、古来より竈門《かまど》八幡宮の大祭に、地獄の噴気で御供飯を炊いていたといわれるかまど地獄の7つを一気に巡ることができる。

200回以上これを見続けている地獄めぐりマニアの方の見えかたは想像もつかないが、少なくとも1回目で見た光景は、昔から「地獄」と忌み嫌われた土地ならではのおどろおどろしさがここでしか味わえない迫力として目に焼き付いた。

WORK

「マニアだね」といわれるぐらい没頭できる趣味や活動を、ときには異常な数をこなして極めてみよう

1300年以上前からふつふつと煮えたぎる「血の池地獄」

仕事に
忙殺されている
人へ

考えないという余白に、本当の自分がいる

熊本編

熊本県は直前まで取材先を決めることができず苦戦しながらも、途中の経由地で寄った阿蘇山《あそさん》の景色は、余裕のない私が見ても雄大で、穏やかで、いままでに見た日本の景色のなかでもトップレベルの美しさだった。

さらには宿も決まらず、必死に検索して、熊本中心市街の隣町に空き室があった古民家を予約した。そこへ向かう道中では、ススキが夕日を受けて黄金に輝く光景に出逢えたり、花火が上がったりと、なにかと旅路を応援してもらっているような気持ちになった。

古民家に到着し、目の前で野菜や鮎《あゆ》を炭火焼にしておもてなしをしてくれたオーナー・玄武《げんぶ》さんも独特な雰囲気。聴けば、笛を吹いて世界を旅し、最近はほら貝の練習もしているという面白すぎる経歴をお持ちだった。

お話を聞いた人

竜野園藝オーナー
玄武さん

笛を吹きながら海外を渡り歩いていた経験を持ち、現在は熊本県甲佐町で民泊のオーナーをしています

「インドにいったときに、ドミトリーの部屋に笛が転がっていたんですね。入れ代わり立ち代わり人が吹くんですけど、なかなか音が出なくて。そしたら仙人みたいな、白髪でドレッドヘアのおっちゃんが来て、笛を吹いた。それを聴いたら、卒倒しそうなほど衝撃を受けてしまった。その佇まいや醸し出す雰囲気にもグッときて。僕はそのとき坐禅《ざぜん》をやっていて、呼吸を見るのが禅の基本なんです。呼吸を見るというのは言葉の通り、息の吸うと吐くを観察するということ。普通の笛は、息を吸うときは音が止まるのに、この笛は音がずっと鳴る楽器なんですよ。自分の呼吸がずっと音になるのは、坐禅とつながるところがあって。俺はこれに出会うために生きてきた、と思いました。音を出すまでに30分かかったんですが、音が鳴ったときには冗談じゃなく涙が出て、感動的な出逢いだったんです」

「笛とのすごい出逢いですね。でもそこから演奏できるようにまでなって、それで海外で演奏しながら練り歩くまでになったんですものね」

「僕ラッキーだったなと思うことがあって。最初楽器を作る工房に行って無茶なものを注文したんです。材質は木で、こんなラッパが作りたいと。そしたらちょっと待っとけと言われたんですけど、1ヵ月くらい待ったら、が

どこか取材先で良いところありませんか？　と現地の人に聴いて周っている

ンジス川の流木にぴったりの形の木があると……。拾いに行くことになったんですね。スピリチュアルみたいな話ですが、その存在を実感せずにはいられなかった。強く願うこととか、そういのは必ずかなうっていうのは、僕その通りだなって思っているんですよね。人を見てもそう思う。そのことが、確信に変わった場所でしたね。その笛はこの家にあるので、お見せします」

その笛はなんと長さが2メートルもあり、人間の息で音が鳴るとは思えなかった。この笛を担いで世界中を旅していた玄武さんは、きっと計り知れないエネルギーをお持ちなのだろう。

服や鎧を取っ払った本当のあなたは？

玄武さんはなぜ、この地で民泊をやりはじめようと思ったのだろう。

「昔知り合いの紹介で高知県の一軒家に行ったことがあって。その当時も海外はちょこちょこ行っていたんですけど、結局日本の片田舎の古民家生活が、いま思い返せば一番刺激的でした。印象に残っているのは、そのなにもない田園風景。当時は若いから、ちょっとお金とか地位も求めていた

阿蘇の山々の風景

んですが、そこの暮らしは質素だけど日本人としての懐かしさがすごく印象的で、ゆくゆくはこういう生活をやってみたいなという思いがいまに繋がっていると感じますね。目に見えない心が満たされるもの、そのひとつが田舎なのかなと思います」

　玄武さんの人生を前のめりに聴きながら、今回はネイルチップにアートを施していった。熊本県の阿蘇はドライブにうってつけのミルクロードという道があり、車で山の上まで行くと下界に見える田園風景は綺麗に四角い模様になって並んでいる。玄武さんに教えてもらった鮎の簗場《やなば》もコアで印象的なスポットだったので、これらの要素を抽象的にとらえてネイルに表現した。

「やっぱり僕も最初は上ばっかり見ていたんですよ。でも年を重ねていくにつれて、あんまり上ばっかり見ていてもなあと思って、足元というか土地に根付いた暮らしを追求していこうかなと」

「若い世代や都市にいると、どうしても上ばっかり見るようになってしまいますよね……玄武さんだったらそんな人たちにどんなお声がけを？」

「その人が本心で求めていることと、建前や流行りや周りの人がやってい

「竜野園藝」の玄関口からの風景。昔ながらの生活をこんなに肌身で味わえることはないだろう

ることへの憧れ……そういうのではない、いろんな服や鎧を取っ払った本当のあなたは？　というところまで話を掘り下げて聞いてみないと、軽々しくアドバイスはできませんが、やりたいことは先延ばしにせずに、まずやってみる。いつかとか、タイミングが来たらとか、その間を無駄に過ごすよりも、やればやったあとがまたあるから」

余白に降りてくる

「あとは、アイデアって余白に降りてくるじゃないですか。だから最近はできるだけ〝考えない〟ことを自分はやっていますね。それを続けると、ふと、『やっぱりこれはこうしよう』みたいなものは定まってくるんですよ。頭を空っぽにして、いまやっていることをできるだけていねいに、そこに意識を持って行くようにはしていますね。別のことを考えながらやると、身が入らなかったりするんですよ」

　私もなにかをしながら同時に別のことを考えていると、エネルギーが散漫になってうまくいかない。余白ってやっぱり必要だ。そんな玄武さんがこれはやっていこうって思うことはなんだろうか。

甲佐町（こうさまち）やな場。やなとは、竹や石でせき止め、すだれのようなものを置いて、川を下る魚をとる漁法

「この周りの地域は、あと10年すると全部空き家になると思うんですよ。そしたら僕は村のような、共同体の生活をやってみたい。みんなで足りないところを手助けして生きる生活はここに住んだ当初からの理想でありますね。昔この辺は竜野村《たつのむら》っていう名前でしたが、いまは変更されて中横田っていう味気のない名前になっているんです。もとの竜野村をここで復活できたらいいですね」

竜野園藝で2泊お世話になり、宮崎の高千穂《たかちほ》方面へ向かった。九州旅は県数も多く、スケジュールもタイトめではあったのだが、この2日間は、余白の大切さを肌身に染みて感じていた。

WORK

スケジュール帳に「余白タイム」、「余白デー」、
または「余白ウィーク」を入れてみよう

阿蘇に魅せられ、まだこの風景を堪能したいとお昼は阿蘇山近くで食べることに。ゆうたさんが言う「熊本もインタビューできる人が見つかって良かったねえ」。最後まで誰にするのかわからない状態でも天気や景色やさまざまな条件に恵まれて、偶然選んだ場所で玄武さんのような面白い人に出逢えた私は、この1年のプロジェクトを通して段々と目に見えない力のようなものがあるのではないかと思い始めていた。運が良い、縁があった、という言葉に言い換えることもできるかもしれないが、あまりにもトントンと事が進むので、自分ではない誰かがこのプロジェクトをディレクションしているのではないかと考えたほどだ。

「その存在を実感せずにはいられなかった。強く願うこととか、そういうのは必ず叶うっていうのは、僕その通りだなって思っているんですよね」

玄武さんの言葉を、自分の47都道府県の旅と人生に照らし合わせていた。

ワーキングホリデービザは1年だったので、稼いだチップでモントリオールまで列車旅をし、イエローナイフでオーロラを見て、ブラジルのリオデジャネイロのカーニバルを堪能し、ラスベガスやグランドキャニオンに圧倒されて日本に帰ってきた。

文字通り、夢のような1年間だった。

帰国すると、一気に現実的な自分が優勢になった。ネイリストはカナダだったからできた仕事で、ワンカラーぐらいしかやったことのない自分では日本に需要はないし、もっと素敵なアートをしてくれるネイリストたちがたくさんいるだろう。

自分はやはり会社員になろうと就職活動を始めた。就職先は広告系の営業。楽しさは感じていたのだが、インサイドセールスなのもあり対面での会話ではなかった。

「あんり、来週ネイルやってほしい！」

せっかくなので友達や周りの近い人にはネイルをしようと、5色ほどのジェルネイルカラーと基本的な道具はカナダから持って帰ってきていた。定期的にネイルをお願いしてくれていたのは、大学時代の友人のまあさ。ネイルをしながら、最近の仕事、周りの友達の動向、恋愛など他愛もない話をしていた。ネイルが完成すると、まあさは「可愛い。おかげで仕事頑張れるわ！　ありがとう！」といつも嬉しい感想を言ってくれた。

……やっぱり、ネイルを極めてみたい。そんな気持ちが、友人にネイルをするたびに大きくなっていた。

自分がやっている仕事が〝天職〟と言えるぐらいになるかは、覚悟したものや挑戦したものの大きさと、かけた時間と、最後にはお客様や仲間を笑顔にし続けらているかどうかで決まってくるのではないかと思う。カナダに行って英語よりもむしろネイルの技術を習得してきたような形になったが、大学時代に一番仲の良かった友人を喜ばせられるようになったことが自分にとってはなによりも嬉しかった。

ネイルをやってくれる友達はほかにも何人かできて、ネイルの技術をYouTubeで勉強したり、夜中までデザインの練習をする日もあった。

「私の友達にネイル見せたらやってほしいって！」

「こういうデザインもやってみたいんだけど今度できる？」

目の前の友人が毎回かけてくれる言葉は、確実に自分の中に自信として積み上がっていた。その総量はじわじわと増えていき、比例するように周りからも追い風のような嬉しい言葉やアドバイスをもらう。会社の仲の良い先輩にネイルのことを話すと、ある提案をしてくれた。

「個人事業主として開業してみたら？　自分で開業してやっているってことが、さらに覚悟や自信に繋がると思うよ」

会社員をしながら個人で仕事もやっている一人の先輩からの事例を具体的に聴くだけで、自分で開業してみるイメージや臨場感は湧いてくるものだ。

翌週、税務署に開業届を提出した。提出しただけなのになんだか誇らしげな気持ちになる。とはいえネイルをする固定の場所はとくになく、友人の家などでネイル道具を持って行って施術していたので「出張ネイルサロン」という形で動くことに。

しばらく営業の仕事をしながら週末にネイルをしていると、ネイルの写真を掲載していたInstagramに、あるコンテストのアカウントからフォローがあった。

〝Beauty Japan東京〟。社会で活躍したい女性を発掘し、支援するコンテストのようだ。しかし、開業したてで週末ぐらいしかネイルをしていない自分が参加して良いものか。後日会った知人にコンテストのことを話題に出してみた。

「良いじゃん。でもみんな本気でやるだろうから、やるんだったらエントリー写真からプロにお願いした方が良いかもね」

物は試しでエントリーしてみることにした。近所のフォトスタジオに撮影の予約をする。フォトスタジオに向かうときは、なんだかワーキングホリデーに行くかどうかを決めたときと同じような感情になっていた。

「へえ、出張ネイルやってるんだ！……え、コンテストに出るの！　面白いねえ！」

顔がモアイ像のように強ばっていた私に、オーナーらしきカメラマンさんは気さくに話しかけてくれながらシャッターを切っていった。

会話も弾み顔も和らいだところで撮影が終わり、お会計をしようとした時だった。

「山本さん、うちの原宿店のフォトスタジオをサロンとして使ってみない？」

使っていないメイクアップルームがあり、そこでネイルをやって良いとのこと。

「自分のネイルサロンを持つ」夢が、降ってきた挑戦やアドバイスの導きで実現してしまったのだ。


そこからさらに月日が経ち、47都道府県出張ネイルプロジェクトを考えるようになって、新たに決断をしなければならなくなった。

それまで安定的に収入を得ていた営業の仕事を辞めなければ、日本を自由にまわる時間は作れなかったのだ。ネイルだけでやっていけるのかは、正直不安だった。

数ヵ月じっくり悩んで、気持ちを強く持って、営業の仕事を辞めたいことを伝えた。翌週、私の営業スキルを育ててくれて（おかげでこの出張ネイルプロジェクトも各地の色んな方とやり取りができたのだ)、長らくお世話になった上司からメールが来た。文面を読んで、涙とともに自分の不安で弱気な気持ちを洗い流した。

「言い方は気をつけなければですが……私、嬉しかったです。山本さんのネイルに対する姿勢にいつも感化され、私もやってこられましたので。チームとしては、正直ダメージは大きいです。でも、私個人としては、ネイル一本で勝負してみたいという気持ちを最大限に尊重したいと思っています。組織的には『いつでも戻ってきてください』。個人的には『戻ってこないでください』。応援していますよ。何気に」

最初はまったく自信がなくても、周りからかけてもらえる言葉の後押しや自分のワクワクした感情、嬉しい気持ちを少しずつ信じていった先で開ける道があり、また新たなステージでもその繰り返し。それはだんだんと〝信念〟となって揺るがないものになっていき、思いがけない運と縁と応援に恵まれることだってあるのだ。

自分にとって強く思えることが、結局一番現実になりやすいのかも。

人との雑談や飲み会を敬遠しがちな人へ

アイデアはたわいないところにも隠れている

宮崎編

大分の別府、熊本の阿蘇、そして宮崎の高千穂は、九州でもトップレベルに人気の観光スポットだが、それぞれ県境近くに密集しているため、車であればかなり九州を満喫できる。高千穂は神話にまつわるパワースポットがいたるところにあり、どこを切り取っても絵になる風景が見られる。

なかでも高千穂峡《きょう》の自然が織りなすエメラルドグリーンの水面とグレージュの岩の造形、白いしぶきをあげて流れ落ちる真名井《まない》の滝は格別だ。取材を快諾してくれたスタッフさんたちとランチを一緒に食べ、現地のオフィスへ向かう。高千穂まちづくり公社で働く伊藤さんが、どんな組織なのか教えてくれた。

「当社は高千穂町の出資によって、今年の7月に設立された会社です。お

お話を聞いた人

高千穂まちづくり公社
総務部 伊藤さん

高千穂町の地域商社として多様な業種と連携し、観光とは別の切り口から地元活性に取り組んでいます

もに『道の駅高千穂』と『がまだせ市場直売所鬼《き》八《はち》の蔵』の運営、ふるさと納税事務局業務などをおこなっています。まだまだ会社の認知度は低く、『なにをやっている会社なんだろう』と疑問に思われている部分はあるかと思いますが、設立目的である『地域内経済循環を活性化し、地域にある課題を解決すること』に向け、さまざまなことに取り組んでいます。その取り組みのなかで、町内の生産者様や事業者様と連携して、高千穂町の新しい特産品の開発や、担い手不足などの皆さんが抱える問題を一緒に解決していけるようなことができたらいいなと思います」

地域内経済循環

「新しい会社としてスタートして、思うことはありますか？」

「高千穂町の抱える課題は人口減少、少子高齢化、後継者不足などさまざまですが、それらの課題解決のために、この会社として、自分自身としてできることはなんだろう？と、より深く身近に考えるようになりましたね。この地域は65歳以上が約40％超と限界集落に近付きつつあります。雇用条件や職種の問題もあり、地元に帰りたい気持ちがあっても、仕事がな

天照大神が岩戸に隠れた際、八百万の神がここで神議されたと伝わる「天安河原（あまのやすかわら）」

いから帰ることができない・地元でやりたい仕事がないなんて声も聞きます。私にも中学生の娘がいるんですけど、娘いわく、将来地元で暮らしたいと思ってはいるんだけど私のやりたい仕事はできないよねって。その『雇用をつくる』のもお母さんの仕事なんだよって言っているんです」

若者がたくさんの東京の中心部で生活をしていると実感することはなかったが、高千穂町の課題は日本の地方と呼ばれる場所の縮図であることを如実に感じるものだった。道を歩く人たちもたしかにお年寄りが多い。

「高千穂町は県内でも有数の観光地ですが、観光に関する事業はその道のプロでもある観光協会さんもいらっしゃるので、私たちはまたちがった目線から高千穂を盛り上げていけたらいいなと思っています。私たちの会社は地域商社として、地域内経済循環で『雇用を生む』『賢く稼ぐ』『人を呼び込む』ことをビジョンとしています」

町全体の規模の目線でやれる仕事だからこそ、総合的に色んな側面からのサポートも考えられるのだろう。そのような仕事で伊藤さんが意識していることはなんだろう?

「誰か一度は考えたことがあることだったとしても、雑談としてでもいい

神秘的な雰囲気は、まさに「神話の里」

から話してみようというマインドでいます。それが問題解決の糸口になるかもしれないし、もしかしたらその雑談がきっかけで新しい事業が生まれるかもしれない。こうなったら素敵だなと思うことが、いつのまにか自分の目標になるかもしれない。例えば、当社が運営する直売所である『鬼八の蔵』や『道の駅高千穂』にプライベートで行くこともあるんですが、消費者目線で思ったことを後日スタッフと雑談のなかで話すこともあります。なにげなく話した意見を、店舗のスタッフが反映してくれたりすると『私の、あの雑談のなかの意見を取り入れてくれたんだ！』って嬉しくなったり。いまはそういう小さなことの積み重ねです」

ネイルの施術でも「次回はこんなネイルができたら面白いですよね」という雑談ベースの会話から試しにやってみたアートがXでものすごくバズった経験をしたことがあるように、なんとなくの雑談から、思いがけないアイデアや結果が生まれることもある。10の話題があったら、具体的な内容や行動に落とし込めるものも2、3はあるのではないだろうか。コロナ禍を経てオンラインやリモート環境が多くなってきたがために雑談も少なくなっているが、人と顔を合わせて会話し、発展させるというやり方も

0にしてはいけないな、と内省しながらネイルアートを仕上げていった。

お母さん、いまの仕事楽しい？

「伊藤さんはなにがきっかけでこのお仕事をやることにしたんですか？」

なにげない質問だったが、印象的な言葉を聴けた。

「私に関していえば、いままでは明確な想いを持って仕事をしてきたわけではなく、ただただ生活のためだったんですが、あるとき娘にきっかけになる一言を言われたんです。『お母さん、いまの仕事楽しい？　やりたくてやってる？』って。ちょうど学校で、将来を決めるにはいまからが大事で、どんな道に行くにも自分次第という話をされたようなんですね。それで自分の親はどうなんだろうっていうなにげない一言だったんでしょうね。でも私には衝撃で、『問われてるわ』って。楽しいだけが仕事じゃないけど、子どもにそう言われたら考えちゃった。ここで変わらんとって」

　その日の夜に宮崎の地鶏や海鮮をご馳走していただきながら、高千穂で条件が揃ったときだけ見ることができる国見ヶ丘《くにみがおか》の雲海の情報を教えてもらったので、伊藤さんはじめスタッフさんと明朝に観に行くことにした。見

高千穂峡の絶妙な青緑色と紅葉した葉が陽の光と水の反射で金色に煌めき川に流れていく様子を

られる条件は前日の日中と当日の早朝の気温差が大きいこと、明け方車の窓に水滴がつくぐらい湿度が高いこと、よく晴れていることなどで、年に数回程度と言われている。

伊藤さんは子供4人のお母さん。子育てと両立させながら高千穂の活性のために地域のみなさんに声を掛けて今後の活路を見出そうとしている。私たちの宮崎の旅路も最高なものになるように、アテンドをしてくださった。一緒にお食事をしていなかったら、このような現地の見どころも行きそびれていたところだった。

みんなで観たその日の雲海は、いまこの文章を書いている瞬間も脳裏にはっきりと浮かび上がってくるほど、忘れられない光景だ。

雲海の見ごろ時期は秋から初冬（9月中旬～12月上旬）、時間は早朝（朝4時～8時）

WORK

雑談の内容から得られたアイデアを試しに実行してみよう

生きる意味を
探している
人へ

自分に必要だからこそ、その話はあなたの元へやって来る

鹿児島編

「人生に迷ったら知覧《ちらん》へ行け」

本で目にし、人からも聴いていた言葉だ。この旅で鹿児島県は知覧へ行こうと決めていた。宮崎の北側に位置する高千穂から、鹿児島の南側に位置する知覧までは車で4時間弱。

知覧特攻平和記念館へ続く道は、多くの灯篭が道の両脇に立ち並んでいた。知覧は太平洋戦争末期に旧陸軍の特攻基地が置かれた場所だ。

記念館の中には、特攻をする前の若い少年たちの遺書が数百通と展示されていた。そこにはいまの自分には到底書くことはできない内容が、本当に当時の若者が書いた文字なのかと思えるぐらい達筆で書かれていた。息をするのがやっとになるぐらいの重みを感じる。

お話を聞いた人

ホタル館 富屋食堂館長
鳥濱拳大さん

特攻隊を支えた鳥濱トメさんのひ孫で、その生涯と特攻隊員の真実を展示する資料館を運営。当時の物語を語り継いでいます

これは永遠になくしてはいけないものだ

ホタル館富屋《とみや》食堂館長の拳大《けんた》さんが講話の一部を抜粋して語ってくれた。

「……生き残った特攻隊員たちもいました。そんな特攻隊たちは『なぜ俺は逝けなかったんだ』と、そう自責の念を持ったそうです。そんな特攻隊員に対してトメさんは『なぜ生き残ったのかを考えなさい。あなたにはなにかしなければならないことがあって生かされているんだよ』。そういった言葉を送り、その言葉によって感化された元特攻隊員によって、全国にあった遺書が集められ、いまでは特攻平和記念館となっています……」

ホタル館富屋食堂は軍指定食堂のため、特攻隊が人生最後のご飯を食べる場所とされていた。当時、この場所の女将だった鳥濱《とりはま》トメさんは、特攻隊のために自分の着物や大切な物品を質屋に出してそのお金でご馳走を作っていたという。そんな彼女の生き方や考え方、そして特攻隊員1人1人がどのような人物だったのかを、トメさんとのエピソードを交えて知ることができる。知覧特攻平和記念館では、自分よりも若い特攻隊員たちの遺書を見てはじめはショックに近い感情を覚えたのだが、富屋食堂の資料

知覧から桜島も見える

館をすべて見終わるころには「彼らも私たちと同じ部分があるんだな」と温かい気持ちにもなった。同時に、「いまの自分の悩みや焦りなんて彼らと比べたら全然大したことじゃない」と思えていた。

拳大さんは知覧茶屋（富屋食堂で提供されていた料理を再現した料理が食べられる）で接客を終えたあと、インタビューの時間をくれた。

トメさんのひ孫として、拳大さんはどのような想いでこの講話の仕事をお父様から引き継いでやっているのだろうか。

「私は小さいころからずっと、父が話していたのも傍で聞いていたんですね。その際に、やっぱりこの特攻隊員たちの話で『人生が変わったよ』とか、『勇気づけられました』といった人たちの声をよく聴いていたんです。彼らのお話には、いまの人たちを元気づける力があるなと自分でも思っていて、これは永遠になくしてはいけないものだと、引き継ぐことを決めました。それからもいろいろあって一度はこの地を離れたのですが、それでも結果としてやはりその想いが捨てきれなくてこちらに戻ってきて、いまでも語り部として、なくしてはいけないという想いでやっています」

「使命感を持ってやっていらっしゃるんですね。拳大さんはこのお仕事を

知覧は「神風特攻隊」陸軍最大の特攻基地だった

続けた延長線上で、今後の未来で実現したいことはなんですか？」

「日本人でも特攻隊員たちの話を知らない方も多いので、そういった方々に伝えて、身体に、心に落とし込んでいただく。それを子供たちに『こういった過去があるんだよ』ということをまた伝えて、日本全国に広がるような形にまでなれば良いなと思います。未来というと遠い話ですが、私は自分がここにいて、一人ずつ、ひとつひとつ語り継いでいくことがその未来への一歩だと信じて頑張っていこうと思います」

2度目の死が訪れぬように

今回、ネイルアートはすでに自分の爪に施していた。特攻に使われていた零式《ぜろしき》艦上戦闘機（零戦）の機体の色であるカーキと薄いグレーをベースに、赤い日の丸をポイントで描く。空中で火花を散らして戦っていた彼らに敬意の念を示しながら、ラメグラデーションとクリスタルのパーツで輝きをつけた。

いまの時代は平和で生きやすいが、二十歳ぐらいの人たちがこんな切実な想いで頑張っていたんだということを知ると、自分はもうちょっとでき

ネイルをしてから実際に実物を見てみると、デザインのアイデアも別のパターンが色々と沸いてくる

ることはあるんじゃないかと思える。知覧に来られて良かった。

「最後の質問ですが、拳大さんご自身が大事にしている言葉やモットーはありますか？」

「『人の死は2回ある』という言葉があって。1回目の死は身体による死。2回目の死は、忘れ去られることによる死だという風にいわれています。僕は小さいころから二十歳前後の方々がこんな想いや決意を持って亡くなっていったことを聴いたうえで、この方々に2度目の死が訪れぬように残していかないといけないと思っています。それは私だけでは駄目ですし、多くの方々がそう思って、彼らの想いや決意を自分のものにして活かしていくことが彼らの死を無駄にしないことに繋がると思っているので、そういった人を増やしていくために続けていきます」

　自分のものにすることによってはじめて、見たものや聴いたこと、学んだことが活かされる。本を読むことや勉強すること、人から教えを聴くことは誰だってできることだが、そのうえで自分自身が行動に移すことで、特攻隊の少年たちやトメさんや拳大さんをはじめこれまでの人々の人生が報

われていく。

見て終わり、聴いて終わりだけではなく、いまここからどうするか。特攻隊の〝必死〟に比べたら、自分たちなんて死ぬ気でやっても人生はしばらく続くのだ。

WORK

読んで終わりになっていた本や聴いていていただけの話から、ひとつ行動に移せることを考えて実践しよう

拳大さんはトメさんが振る舞った富屋食堂の味を再現している知覧茶屋の料理長でもある

自分が取り組むことに確信を持ちたい人へ

作り上げているものは、自分が欲しいものか？

兵庫編

姫路城の駐車場に到着した時間は15時50分。姫路城の最終入場時間は16時。難攻不落と言われる迷路のような姫路城の敷地をダッシュで駆け巡り、息を切らしながら入場チケットを確保した。道が急に狭くなったり、隠し扉があったり、階段がとてつもなく急だったりと、さまざまな攻めと守りの工夫が凝らされているこのお城は、戦国時代の武将たちもさぞ襲撃に苦労したことだろう。

城を降りたころには日没だったので、姫路で食べておくべきグルメを検索すると、姫路おでんやアーモンドトーストなど幅広くおススメがWeb上で出てくる。いつもご当地情報を検索すると大手グルメサイトのメディアがトップに出てくるが、姫路に関しては「TANOSU」というサイト

お話を聞いた人

播磨リビング新聞社
TANOSU 吉田さん

新聞社内で地元のコアな情報を発信するWebサイト「TANOSU」を発足。チーフディレクターとしてチームで運営しています

がトップに出てきた。

このまま紙だけに頼っていてはダメだ

TANOSUを運営する播磨《はりま》リビング新聞社の吉田さんは、サイトのこだわりを話す。

「ただお店を手当たり次第に掲載するのではなく、本当に自分たちがいいなと思った店舗やスポットを厳選して紹介しています。とくに地元のオシャレなカフェやパン屋さんはほとんど網羅していますし、週末のおでかけ情報も満載です。また、写真のクオリティにもこだわり、見ていてワクワクするような地域情報サイトになるようチームのメンバーと協力して作りあげています」

Instagramだけでは網羅性に欠けて、逆に大手サイトやGoogleマップだと情報があり過ぎて、なにが特徴なのかわからず、いつもどこに行こうか決めるのに時間がかかる。だがTANOSUのサイトは個人的に刺さる内容ばかりで、ちゃんと取捨選択ができつつも網羅されている感じがあって、ついついいろいろと見てしまう。

前日の夜に訪れた神戸港の夜景

吉田さんはもともと20～30代向けのフリーマガジンの発行を担当していたのだが、世代的に紙だけではない情報の必要性を感じ、新聞社のなかでＴＡＮＯＳＵというＷｅｂメディアを発足した経緯があるという。

紙媒体で勝負してきたところからＷｅｂで0からどう運営していくのか、収益は見込めるのかなど、立ち上げ当時は社内でも反対意見も多かった。

「ほとんどの人がスマホを持つ時代だから、Ｗｅｂもやらなければいけないっていうのをずっと感じていたんです。20代から30代が、新聞でこれ見たんだけどみたいな話ってしないじゃないですか。だいたい『ネットで見たんだけどランチここ行こう』とか。ここのターゲット層を動かすためにはこのまま紙だけに頼っていてはダメだと思い、強い信念を持って自分が思い描くＷｅｂメディアの立ち上げを会社にプレゼンし続けました」

この出張ネイルプロジェクトに関しても、一人会議を何度もやっていた。本当に意味がある取り組みなのか、やることで将来どういった未来があるのか。検討・懸念材料は初の試みにはつきものだ。ましてや長年地元で続く会社のなかで新しいことをやろうと声を挙げた吉田さんは、相当な覚悟だっただろう。

姫路城。白漆喰で総塗籠（そうぬりごめ）造りの鮮やかな姿とわずかに残る紅葉

全都道府県にあってもいい

「逆境のなかでスタートして、いまこうやって結果まで出されているのにはどのような理由があると思いますか？」

「自分が求めているものは読者も求めているはず！　それを作り続けたいという原動力でここまで来られました。自分が住む街には、オシャレなカフェやパン屋さん、おでかけスポットもたくさんあるのに、あまり知られていないんじゃないか。地域情報を発信する会社にいながらそう感じていて、私自身ももっと地元の素敵なお店を知りたいなと思っていました。いまはその情報の収集も発信することができていると自信を持っていますし、だからこそ地域ナンバーワンのサイトになったと思っています」

　自分の感度を信じて、すぐ、着実に取り入れていったのだ。

　ネイルは秋の季節と色合いの相性が良い「べっこうネイル」を姫路城の石垣の部分に見立ててデザインし、カーキと合わせてアシンメトリーネイルに。「こんな○○があったらなあ」と思ったら自分のサービスに取り入れる、この繰り返しがお客様を喜ばせるのは、ネイルも一緒だなとつくづく

思った。

「TANOSUさんみたいな絶妙なメディアが各地域にあったらいいなと思います」

「私の将来の夢はまさにそれなんです！　これが全都道府県にあってもいいんじゃないかなと思っていて。2022年にはTANOSUの神戸版になるKOBERUというサイトも立ち上げました。姫路って50万人都市なんですよ。神戸はその3倍の150万人都市。この差がサイトにどう差が出るのかを、いまは慎重に見ています」

　神戸ではなく姫路からスタートできたのにも、なにか意味がありそうだ。

「姫路って地元密着というか、地元愛が強い人たちがたくさんいるので、なにかがハマったのかなというのはすごく感じています。地元の本当にいいところを知りたい人たちがおおぜいいて、このサイトがニーズに合致した部分かなと思います」

　取材とネイルが終わってからは、「地元ライター厳選！　姫路名物のアーモンドトーストが食べられる人気店」の記事からカフェ・ド・ムッシュと

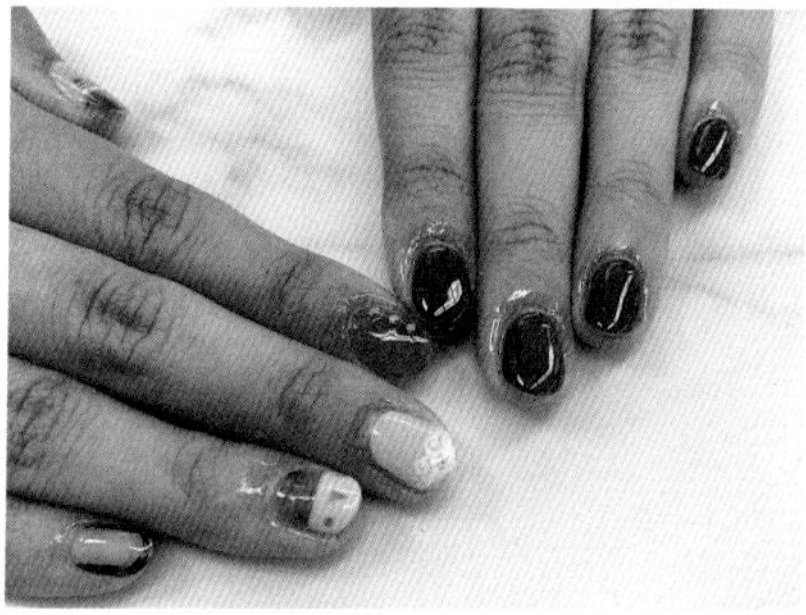

吉田さんの好きな色・カーキをチョイス。アシンメトリーネイルはワンカラーとアートでコントラストをつけて

いうお店に向かった。都市の一極集中が話題に上がる今日、TANOSUのようなメディアから得られるヒントは多いにある気がする。アーモンドバターが塗られたサクサクのトーストをほおばりながら、「自分だったらこんなネイルサロンがあると良いなあ」と思いを巡らせていた。

WORK

「こうだったらな」と自分が思っていても
やっていなかったことに手を付けてみよう

アーモンドバター発祥のお店「カフェ・ド・ムッシュ」はたびたびメディアに出演する人気店

取り組んでいる
ことが伸び悩んで
いる人へ

続けていくための、新天地開拓作戦

京都編

職人の街京都では、徐々に旅行客の足が戻ってきているのを感じた。11月で過ごしやすい時期は修学旅行生も多く、立ち寄った清水寺はテーマパークかと見まごうばかりの混みようだ。ゆうたさんが京都に来たら必ず食べるという「いづう」の鯖寿司をテイクアウトし、車内で食してからアポイント先へ向かった（鯖好きなら間違いなく感動する味だ）。

お墨付きや客観的な指標を持つこと

SOO《そまる》は京都友禅青年会議所に所属するメンバー有志で2016年に立ち上げたブランドだという。その代表である日根野《ひねの》さんが発足までのいきさつを話してくれた。

お話を聞いた人

SOO―ソマル―
代表 日根野さん

生産量が減少する京友禅を守るため、「おふき」を開発・販売し、京友禅を身近に感じてもらうための活動をしています

「ご承知の通り、着物もいまは着る人も少ないじゃないですか。京友禅の生産量は昭和48年がピークで、現在はピーク時の１００分の1ぐらいになっていまして。いよいよ京友禅の技術を生かしてなんか作らんとあかんのちゃう？　って、２０１７年の3月にメガネ拭きを発表して、そこからＳＯＯを始めたんです」

「それにたどり着くまではもちろん紆余曲折あったんですよね」

「はい、激しく（笑）。自分らの技術生かさんと意味ないんで。そしたらなに作る？　みたいな話になりますよね。最初はプロデューサーみたいな人に講師として来てもらって勉強会をしていたんですが、なかなか決まらなくて。みんなで勉強会のあと、居酒屋でぐだつきながらどうしようって考えていたとき、染め屋なので店には生地がいっぱいあるんですけれど、うちの父親が、それで老眼鏡を拭くときれいになるって言っていたのを思い出したんですよ。それで、とりあえず1回生地を染めて作ってみたら意外とできそうという話になって、メガネ拭きに決定しました」

　おふきはグッドデザイン賞や京都デザイン賞など、いろんな賞を受賞しているが、実績につながった要因はどこにあるのだろうか。

紅葉の紅色と清水寺の朱色が世にも美しかった

「TVの格付けランキングを見ていても、結局ワインでもなんでも、自分らに関わるもの以外って、高いとか安いとか良いとか悪いとかってわからへん。だから客観的に良いとわかる指標をと思って、おふきを作った次の年のグッドデザイン賞に自分たちで応募しました。結果、最初に賞取れたのは大きかったですね。得意先にも恵まれたことも大きくて。僕らは染め屋だったので、取引先0件からスタートしたんですよ。着物があかんから着物以外のもの作ろうって言っているのに、着物を売る既存の得意先って意味ないじゃないですか。モノが変わっただけでルート変えへんかったら、結局同じことの繰り返しになるから。むしろ得意先以外のところで、販路を広げていく」

オリジナリティがあるからこそ、お墨付きや客観的な指標を持つこと。そして自分の業界を盛り上げていくために、あえてアウェイへ行くこと。この考え方はどんな業界にいてもヒントになりそうだ。この出張ネイルもさまざまな人と関わったが、業界がちがうからこそ価値を知ってもらえたり、アイデアをもらえたり、可能性も広がる実感を大いに持っていた。

「あとは、いうても京友禅はブランド力やイメージがいまでも非常に高く

スタンダードのほか、こちらはスマホ拭き用の少し小さな「おふきmini」

て。京友禅ってすごく分業体制なんで、15工程あったら、15人職人さんがいるんですよ。職人さんがいっぱいいはるんで、京都としても残していきたいという思いがやっぱり強いみたいで、行政や京都でやられてる企業さんからの共感もとても高かったですね」

お話を聴いておや？　と思い、京友禅のアートを施そうとする段階で根本的な質問をしてみた。

「あらためて京友禅の特徴というか、なにをもって京友禅と呼ばれるのでしょうか？」

「ひとつは分業であることですね。工程ひとつひとつ、ひとつしか職人さんがしいひんと。最大限まで高めた工程ごとの技術力を組み合わせてできたものが京友禅です。だから絵を描く職人さんは絵しか描かないし、友禅で色付けする職人さんは色付けしかしない。1年間それればっかりやってはるんで。だから技術力が落ちないし、むしろ向上していって、年々クオリティが高いものが作れるという感じですね」

まるで超プロフェッショナルが集まるアベンジャーズみたいだ（笑）。

「世界記録を狙いに行くぐらいの、むちゃくちゃ早い走者がいるリレーと

SOOの書斎にお邪魔した。ズラリと並ぶ資料は美術に文様、装飾の本や作品集などさまざま

もいえます（笑）」

京友禅ネイルをやろうとお伺いしてみたものの、ネイルの工程それぞれにプロのネイリスト集団を作ってやらなければ京友禅ネイルとはいえないと判明。これは完全に予習不足だった。

むしろ京友禅で染めるべきちゃうかなと

「おふきからスタートして、今後はどのように展開していきたいですか？」

「1個1個全部手作業で、十何工程もあって生地を染色しているようなものって世界中探してもあんまりなくて、でもいかんせん着物をいままでと同じ市場に流しているだけでは廃れていく一方じゃないですか。そういう意味ではハイブランドのようなものも手仕事を売りにして出すんやったら、京友禅で染めてもええんちゃうかなと。むしろ京友禅で染めるべきちゃうかなと。そうすると僕らの認知度も上がるし、外国で評価されたら日本に逆輸入みたいなのも多いんで、いままでと同じようなルートや出し方じゃなくて、全然違うところと組んで、ちがう出し方をしていきたいなと」

業界全体を考える方の目線は、想像以上に広かった。外側に目を向ける

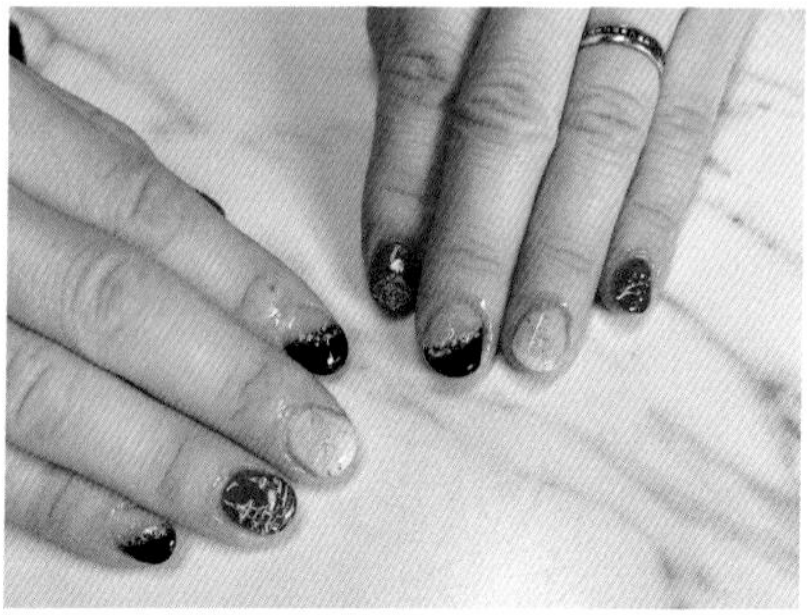

おふきのはんなりした舞妓さんの可愛い柄と、京都の風景と和風の金箔をあしらう

と、まだまだネイルもコラボできる業界はたくさんありそうだ。今回の京都でのお土産はもちろんおふきにして、スマホの画面を綺麗に拭いて次なる目的地を検索した。

WORK

いまやっていることを続けていくために
新しい開拓場所を考えてみよう

仕事の軸がわからない人へ

感動を繋げる存在になれている？

大阪編

気がつくと、たこ焼きをほおばってグリコとくいだおれ太郎の前で写真を撮る……というとてつもなく典型的な観光客になっていた。28年生きていて大阪の道頓堀《どうとんぼり》は始めて足を踏み入れる場所だったのだが、写真やテレビで何回も見たことのあるこの場所は実際に訪れてみると想像以上にテンションが上がった。

道頓堀の中心に位置するPivot BASE Travel Cafe @ Tonbori（以下、「ピボットベース」）は、地元の人と旅行者が交流を楽しみ、旅の新たな発見、体験ができる新しいコンセプトのカフェとして登場した。中にはインバウンド向けに外国語対応ができるスタッフさん、周辺の最新情報やオススメスポットを教えてくれるデジタルデバイス、数十人

お話を聞いた人

株式会社JTB
Pivot BASE運営　寺内さん

道頓堀の新しい観光スタイルを企画運営、
ピボットベースと呼ばれるカフェを運営し、
地域との連携に携わっています

規模のイベントができそうなステージとバックスクリーンが配置されており、私のような「典型的な旅行客」のタダの大阪旅では終わらない、新しい可能性を広げてくれそうな場所だ。

道頓堀をリブランディングする時期

JTBでピボットベース運営に携わる寺内さんに道頓堀の歴史を教わる。

「もともと道頓堀は、芝居小屋が立ち並ぶエンターテインメントの街として栄えていた歴史があるんです。いまは食い倒れの街のイメージしかないように見えるけれど、実は演芸とか大阪ジャズの発祥地とか、文化的な側面があるんですよね。単純に外国人が多く来て、グリコの写真撮ってドラッグストアで買い物して帰るみたいなものだけではない、〝ライブエンターテインメントの街〟であることを多くの人に知ってもらいたい思いも商店街側にもあって、JTBと道頓堀商店会、大阪観光局の3社が発起人となって協議会を立ち上げました。いろいろな取り組みを試しているなかのひとつとして、このピボットベースを運営しています」

急激にインバウンド需要が増えていった矢先、コロナ禍の影響により観

ピボットベースの中で特別にネイルをさせてもらった

光客がパッタリと居なくなる時期を経て、あらためて「道頓堀の価値はなにか？」を再考し、リブランディングする時期がいまだという。ピボットベースは、私が訪れた２０２２年当時は「実証実験の場所」として、少しずつ戻りつつある観光客向けにさまざまな情報発信とリサーチを行っているということだ。

「観光ってすごく裾野が広い産業と言われているので、観光客が戻ることで飲食店や物産、地元のお店も潤うし、経済波及効果がすごく大きいんですよね。地元にお金を落としてもらうのが観光の力で、そして地域が元気になる。やっぱり地域と一緒になってやっていかないといけないというのがＪＴＢとしての考えですね」

もう旅行会社とは言ってなくて

どこの都道府県にインタビューしても、地域というものが先にあって、観光と地域は切り離せないものなのだということを感じていた。旅行会社として、ＪＴＢが力を入れて取り組んでいることはなにか。

「いまＪＴＢは旅行会社とは言ってなくて。一般的には旅行代理店のイ

トラベルコンシェルジュが厳選した旬なローカル情報が、カフェ内のデバイスに投影される

メージが強いと思いますが、〝交流創造事業〟を事業ドメインに切り替えています。地域と連携して交流を創造し、さまざまな価値を提供することを目指しています。だからこのお店もパッケージツアーなどの旅行商品を売っているわけではなく、旅ナカでのお客様の思い出づくりや感動体験に寄り添える場という感じですよね」

「たしかにいまってどこかに行くにもInstagramとかで調べて、ネット検索で自分たちだけで旅程も組めちゃうんですよね」

「Z世代ってよく言いますけど、最近の若い人たちは検索すらしないって言いますね。Instagramで勝手に情報が降ってくるので、自分で探さなくてもテレビ見るような感覚でザッピングして、そのなかでちょっと気になる情報があったら保存しておいてあとで見返すような形で。自ら取りに行くっていうことはしないそうで、来た情報を受け入れるというのが世代のギャップを感じますよね」

　寺内さんのこの言葉は、旅だけにかかわらず、自分の生活全般においても同じことが言えるのかもしれない。勝手に情報が来るからこそ、物事の選択に昔の時代ほど主体性を持たなくても良いのだ。私自身、こんなにも

人生に迷いや焦りが生まれているのは、それぐらい自分が物事の選択と決断に対して〝受け身〟だったからじゃないかとさえ思えた。時代のせいにしてはいけないので、もう少し自らのアンテナを稼働させようと意思を固めながら、寺内さんの小指の爪に小さなたこ焼きをぷっくりと作る。

　最後に、寺内さんの思う観光のあり方を聴かせてもらった。

「『感動のそばに、いつも。』というＪＴＢのブランドスローガンがありまして。すごく普遍的というか、日常生活のなかで、また社会生活のなかで喜んだり、感動したりする機会ってたくさんあると思うんです。そんな場面場面にはいつも「ＪＴＢ」がそばにいて、そのお手伝いをしている……そんな存在でありたいという精神が、すごく良いなと思っています。私自身もお客さんに対してもそうだし、パートナーの企業にしてもそうだし、そういう感動を自分が繋げられる立場にいれたら良いなあと」

　コネクターのような感じなのだろう。

「自分だけではなにもできないと思うので。石の上にも3年じゃないですけど、とりあえず目の前にあることはすべてがあとに繋がっていると信じてやり続けるのがとても大事かなと」

くいだおれ太郎の赤とグリコの背景色・青を基調に薬指にはピボットベースのマーク。小指にはたこ焼き

どんな規模で仕事をしていても、一人だけで成立するものはひとつもない。商売人である前に人であり、目の前の人が喜ぶことを大切にし続ければ物事上手くいくということを、兵庫県に続き大阪府でも学んでいる。関西の商人魂の本質に触れ、意気込んで奈良県に向かったが、途中でお腹を空かせて立ち寄った551の肉まんと、りくろーおじさんのチーズケーキは見事に完売してしまっていた。……残念。

WORK

受け身で情報を得るだけでなく、自分から調べたり選んだりしたものを大事にしてみよう

グリコの巨大看板にたこ焼きなど、食い道楽のミナミの商店街

生き甲斐がまだ見つからない人へ

訪れて出逢った興味、変わった運命

奈良編

京都市から南に向かい、1時間しないほどで奈良の東大寺にたどり着いた。なんだか歩いているだけで、歴史の蓄積を肌身に感じられる。

盧舎那仏《るしゃなぶつ》がいらっしゃる大仏殿まで行くと、自分が小人になったのかと錯覚する大きな門。そして格子《こうし》状の高い天井。大仏様のダイナミックなスケールとは対照的に、あまりに繊細な装飾や模様の数々は、ネイリストにとって感性とインスピレーションの宝庫だった。東大寺から歩いて行ける奈良漬けのバイキングをテラスで食べたあと、「ならにみつ」の事務所があるマンションへ向かった。

お話を聞いた人

一般社団法人ならにみつ
生駒さん

旅行で訪れた奈良に魅了され移住。奈良に特化した冊子の企画編集～執筆、雑貨店や飲食店やイベント運営をしています

人の想いがあって引き継いで残されてきたもの

一般社団法人ならにみつの代表理事であるとともに文筆もメディアの企画編集も行う精力的な生駒《いこま》さん。最初に気になったことを聴いてみた。

「具体的に奈良のどういうところに魅力を感じて、ご出身の茨城から移住してお仕事するまでにいたったんでしょうか？」

「なにかひとつすごい大きな出来事があったのではなくて、通っているうちにどんどんハマっていきました。例えば阿修羅《あしゅら》像を見て、なぜこんな形をした像が１３００年も前に作られて、いまのいままでここにあるのかとか。現代まで残されてきた古代のものは、残ってきた意味がちゃんとあるんですよね。ほったらかされていたわけではなくて、人の想いがあって今日まで引き継いで残されてきたものが奈良にはものすごくたくさんあるんです」

そんな奈良の歴史の、どんな部分が好きなのか。

「自分の本（『奈良で出会う　天皇になった皇女たち』淡交社）にも書いたんですが、飛鳥時代や奈良時代の天皇の半分くらいは女性でした。女性が天皇に

東大寺はいわずもがなに歴史ある空気を肌身で感じる

なれた時代って実質、奈良時代までなんですよね。江戸時代にも2人いますが、それはどうしてもなる人がいなかったから即位したようです。現代はまだ男性社会なので、古代、天皇になった女性たちの生き方を知ってもらいたいと思って、本を出しました。本を読んだ女子高生からかつて女帝が存在していたのを知れて嬉しいという感想をいただいたとき、良かったなって思いました。歴史から勇気をもらえることってたくさんありますね。ロールモデルみたいに先輩の生き方を見ていろいろ考えるのと同じかな」

日本を周るこの1年は私も色んな文化や歴史を勉強したいと思い、人から勧められた「コテンラジオ」という番組をSpotifyで移動中に聴いていた。女性でありながら「私はイギリスと結婚します」と宣言して生涯国を守り続けたエリザベス女王、ヘレン・ケラーを根気よく教育し彼女を社会的な成功に導いたアン・サリバン先生の話など、歴史から得られる学びと勇気は偉大なものだと実感していた。

第0段階としてアンテナを張る

「奈良の人たちって勉学に力入れているんですか？　東大・京大合格者輩

東大寺大仏殿の美しい朱色の柱

出率が全国1位（2017年）らしいですね」

「そうですね。最近は大学生とも喋ることがありますが、いい子たちばかりです。真面目だし、『こうじゃないといけない』みたいな考えの子もけっこう多くて。わりと賢く育ってきちゃって、本当にどうしたら良いかわからないって自分探ししている人もいますね。成功しているように見える大人もそれなりに失敗してきているんですけど、失敗の面は見せていないから、失敗してはいけないと思ってしまう子が最近多いような気がするんですよね」

受験勉強で大学まで行けたルートが綺麗だからこそ、壊したくないという気持ちもあるかもしれない。しかも選択肢が多いからこそ、余計にどれ選んだら良いかわからなくて安牌《あんぱい》を取るというか。そんな大学生の気持ちも半分わかる。

「正倉院は奈良時代の聖武《しょうむ》天皇が亡くなった際に遺品を納めたのがはじまりの倉庫なんですよ。その遺品は、もとは唐（中国）やペルシャ、イランの国の宝物がシルクロードを渡って持ってこられたんです。それらの国は戦争などでいまはすでになにもなくなっているけれど、お寺に守られてきた

歴史を感じられる青銅色の上に生駒さんが教えてくれた「正倉院文様」を描く

から現在も現存して、年に1度、正倉院展の時期に見ることができます。ルイ・ヴィトンのモノグラム柄は正倉院文様からインスピレーションを受けて作られたとも言われているんですよ」

　中国から伝来した唐草《からくさ》模様も描き足して完成した正倉院文様ネイルは、古都の地ならではの歴史の風味溢れるデザインとなった。

「お仕事で今後やっていきたいことはなんですか？」

「私のなかでは、仕事をして『情報を伝える間の人が居ないな』って思っているんです。例えば、昔大仏を作りましたということも、そもそもなぜ大仏を作ったのか？　を話せる人を色んな形で増やしたいですね。奈良の人が大事にしていたからこそいまがあるよっていうことをわかっている人が増えて、そういう人たちの発信が仕事になるようにしたい」

　生駒さんのお話を聴き、逆に知る側は興味のアンテナを張る意識が必要だとも思った。先ほどの学生さんの話もそうだが、なにをして良いのかわからなかったり、どれを選んで良いのかわからなかったりするのであれば、まず第0段階として自分の純粋な興味にアンテナを張るところからスタートすると良いのかもしれない。

「ことのまあかり」で食べられる葛餅

山《やま》本《もと》杏《あん》里《り》　たびびとネイリスト

1994年生まれ(29歳)。“楽美《たび》をしよう”をコンセプトに、ネイル＆旅＆聴くで、「たびびとネイリスト」として活動。明治大学卒業後、カナダでワーキングホリデーを経験し、対面で現地の人とコミュニケーションが取れるネイリストの仕事に就く。帰国後ネイルサロンOur Jamを開業。「日本酒ネイル」「サクマドロップネイル」がSNSでバズり、フジテレビ系「この生き方、天才かも？」などメディア出演多数。2022年に日本全国をまわり、各地の人々にインタビューをしながらご当地ネイルを施す「47都道府県出張ネイルプロジェクト」を実施する。今後は世界196か国出張ネイルが目標。本書が初の著書。

● X(旧Twitter) @anri6624　● Instagram @anri_nailart　● OurJam公式HP https://anjam.jp/

ブックデザイン　奈良岡菜摘デザイン事務所
イラスト　山本杏里
撮影　常松祐太(ゆうた)
DTP　横川浩之
文章協力　森本美紗紀・一之宮千夏
Special Thanks　47都道府県出張ネイルのご訪問先の皆さま

生《い》き方《かた》てさぐり出張《しゅっちょう》ネイリスト、47都《と》道《どう》府《ふ》県《けん》で色《いろ》んな人生《じんせい》を聴く

2024年2月25日　初版発行

著者　山本杏里《やまもとあんり》
発行所　株式会社二見書房
東京都千代田区神田三崎町2-18-11
電話 03(3515)2311[営業]
振替 00170-4-2639
印刷　株式会社 堀内印刷所
製本　株式会社 村上製本所

落丁・乱丁本はお取り替えいたします。
定価はカバーに表示してあります。

ISBN978-4-576-23160-0
https://www.futami.co.jp/

人生100年時代、令和の日本で自分が満足のいく人生を思い描くことは、諦めなくて良い。奈良県の生駒さんのようにじわじわと興味を探求して気がついたら没頭している人生もあれば、茨城県の大谷さんのように、「もう楽しんじゃおう」と思い切ってチャレンジしてみた先で道が開くこともある。愛知県の須磨子さんのように一つに絞ってエネルギーを集中させるのも素敵な人生だし、島根県の宮野さんのようにBプランまで考えて着実に進むのもアリ。他者の人生をリスペクトできるのであれば、自分の人生もそれに値するものを作っていけるはずだ。自分で思い描き、自分で決める勇気を持ってこれからは生きていこう。

WORK

正解を外に求めるのはいったん置いて、満足のいく人生を考え、そのためにやることを自分で決めよう

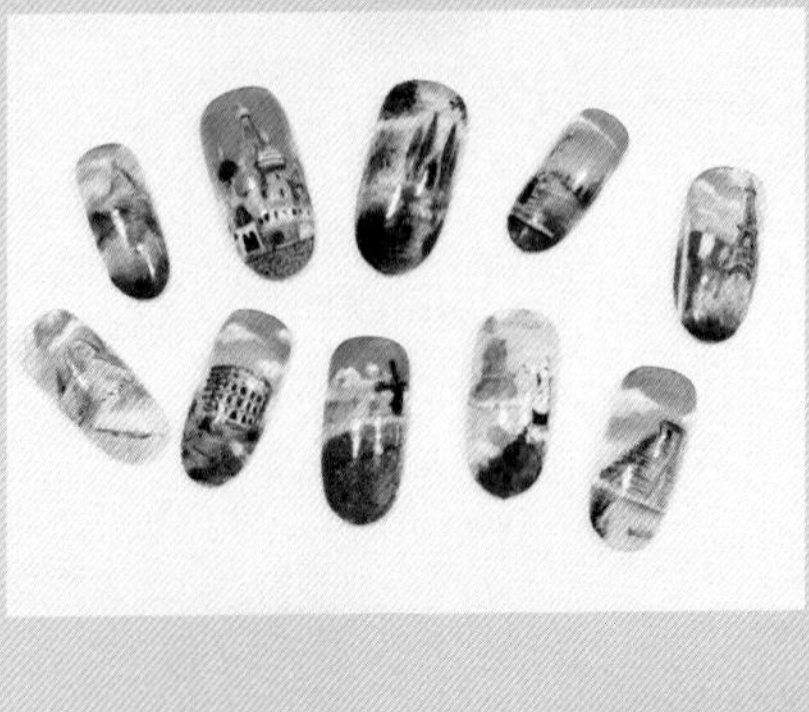

世界出張ネイルもたくさんの人生が聴けそう……！

日本全国をまわり、百人百様の価値観や生き方に触れて、やっと、長いようで短い自分の人生は自分で作っていかなければいけないんだという意識が本気で芽生え、いまでは自分に毎日インタビューをしている最中だ。

そして、次にやりたいプロジェクトが出てきた。焦りや不安からの旅ではなく、心からのワクワクを信じて、人生をかけてやってみたいことだ。

「チームを作って、世界196ヵ国をすべてまわってネイルをする」

いやいやいやいや。壮大(笑)。

でも、私ならできるかもしれない。いや、私だからこそできるかも。

あと数年後には海面上昇で水没してしまうと言われている国もある。ちょっとだけ急がなければならない国もあるかもしれない。逆に、ちょっとだけ渡航を待たなければならない国もあるかもしれない。

そもそもネイルを知らない国もあるだろうし、ネイルどころじゃない国もあるだろう。それでも、世界各国の人たちの人生を知って、ネイルサロンで毎月ともに人生や価値観を語り合うお客様にシェアしたい。

・日本全国の方々から聴いた言葉で一番多かったのは、「残したい（遺したい）、伝えたい」ということ。

・人の生き方は十人十色で、自分にとっての正解不正解はないこと。

・強く願い、強く思い描けば、自分一人から始まったそのプロジェクトも必ず実現できるということ。

東京に居ると、自分がなにを好きで、どうしたいのかを考える暇もないぐらい、流れるように時間も人も情報も目の前を過ぎ去っていく。そのなかで、流れないなにかをしっかり見つけていくこと。興味があって立ち止まるものや、引っかかった心の声や問題と本気で向き合ってみること。

そのうえで、自分の人生であらゆる大事な選択をいま決めるのか、じっくり数年数十年の時間をかけて決めるのか。直感に従うのか、データに基づいて決めるのか、信頼できる誰かのアドバイスを聴いて決めるのか。

それらをすべて自分で選んでいるという自覚を持ち、正解にしていくのは、まぎれもない自分自身だ。……いや、もはや「正解」という概念も持たずに、どんな人生だったら自分は心から満足するかを考える方が良いのかもしれない。

自分の生き方を模索している人へ

選択肢が多いからこそ、自分で決断する勇気を

東京編

お話を聞いた人

ネイルサロンOurJam
オーナー　山本杏里

原宿・外苑前のフォトスタジオの一画を借りてネイルサロンを運営しています

年末になり、道行く人たちはすっかり厚手のコートやダウンだ。

土日の竹下通りは歩みが止まるほど人がごった返している。各地でお世話になった観光名所や団体、施設もきっと忙しくなっているのだろう。

じっくり時間をかけてインタビューができたこの旅はあの当時ならではのものだったのではないかと実感する。

正直、全国をまわったらものすごいなにかがゴールに待っているんじゃないか、自分自身がものすごく変わっているんじゃないかと期待をしていたが、特段劇的に変化するわけでもなく、ゴールテープと紙吹雪を持って大勢の人が待ってくれているわけでもなかった（笑）。

それでも、大きく3つの学びが残った。

色んな言葉がけをね

この貸衣装のお仕事の前は、女将さんはなにをされていたのか気になった。

「38年間、小学校の教師をしていました。思えば私はね、子供に教えるときも言葉がけを大事にしてきたつもりなんよ。だから道を通る人にもわざわざ、『いいお天気ですね〜』とか、『雨降ってこないかのー』とか言って。その場その時その人によってちがうから、色んな言葉がけをね。何十年経っても、あのとき出してくれたお茶美味しかったのよーって、ついこないだの話のように人から言われて。ふとしたことでも、その人にとってはおもてなしのお茶一杯がすごく美味しかったんでしょうね」

ふとしたこと、ついしてもらったことが記憶に強く残っていたり、なにかのご縁に繋がったりすることは少なくない。その小さなことを23年以上やっていっている女将さんと大門坂茶屋のスタッフさんだからこそ、お店のなかにはお客様からのカレンダーのプレゼントや贈り物がいたるところに飾られていた。

て、そうも言ってられないですねと、同世代の塩地さんと相槌を打った。

着物の着付けはそれこそ京都でもたくさんありますが、平安衣装ってあんまりないですよねと言うと、若女将さんもうなずく。

「お客さんもここでしか着られんよって喜んでくださる。しかもここは部屋の中で着るだけじゃなく、世界遺産の熊野古道にも出かけていけるので。緑の中に平安衣装が入ると写真も映えるんですよね」

那智勝浦観光機構の塩地さんもこの地ならではの情報を教えてくれる。

「着るとみんな、アイドルみたいに写真撮られるんですよ。私も撮影でいつも一緒にいるんですけど、モデルさんやインフルエンサーが着て歩いていると、団体ツアーの人に囲まれてみんな『写真撮っていいですか』って。平安衣装で結婚式もしたことあるし。あと道の世界遺産は、世界にたった2つだけでして、熊野古道とスペインのサンティアゴ・デ・コンポステーラの巡礼路しかないんですよ。この2つを制覇すると、共通巡礼手帳という特別なスタンプラリーをもらえるんです。だからスペインの人とかもよく来られますね」

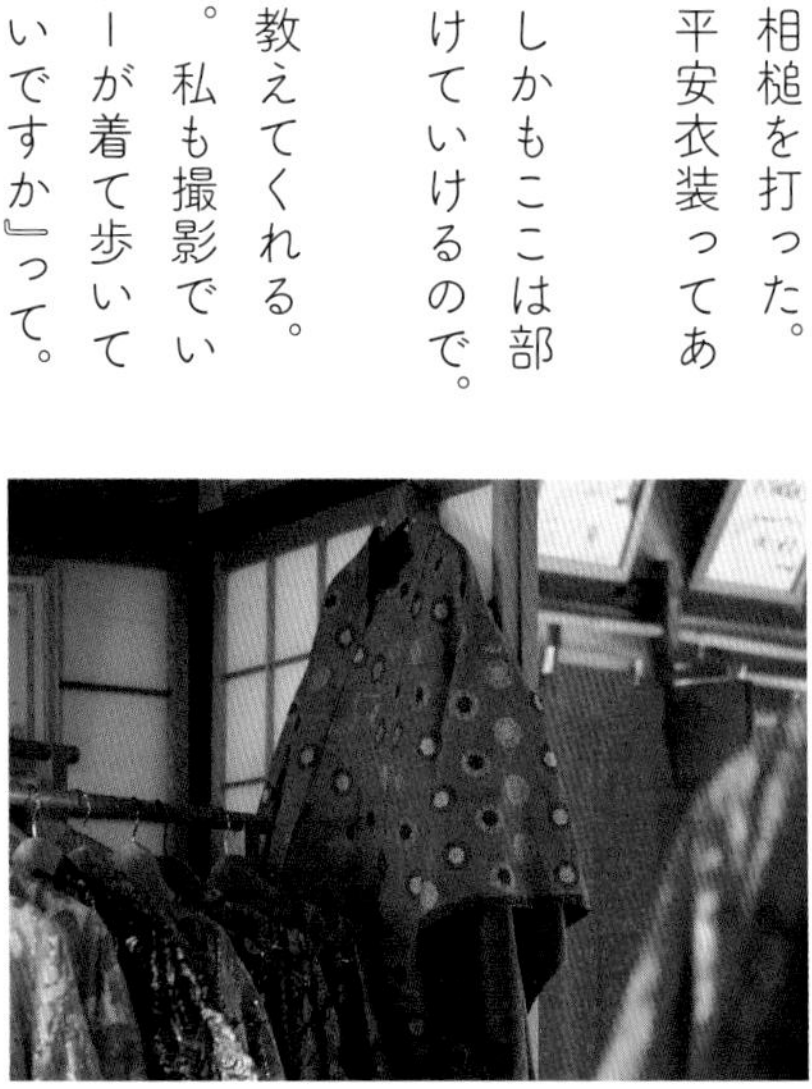

大門坂茶屋では男女さまざまの色鮮やかな平安衣装を着付けさせてもらえる

女将さんと若女将さんが交互に答えてくれる。

「私が70歳のときからやっていますね。だから今年で23年」

「南紀《なんき》熊野体験博っていうイベントが23年前にあって、ここが空き家になっていたのをお休み処として使ってもらっていたんですよ。この平安衣装の着付けも、当時もう少し上の方へ行った大門という場所でやっていたのがすごく評判で、どこか引き継いでもらえんかなということで、70歳からこちらで引き継いだのがいきさつなんです」

「着せたことも見たこともないのに、ええことやなって言って引き受けたのが最初」

「……そしたら70歳のときに着せ方を勉強したってことですか？」

「そうそう、それまではなんにもせんと。だから自分で研究したよ、こうしたらいいか、ああしたらいいかって。襟元はどうのとかは、いまでは私はやかましいですよ。あとに残るものやから、どうしてもね。気持ちよく着せてもらったらね、思い出もちがうでしょう。いまも勉強です」

20代でも転職しようかどうかと腰が引けることも多いのに、70歳で新しい環境に行って90歳を超えても地に足をつけてやられている女将さんを見

熊野信仰の中心地のひとつ、那智の滝。1300年前から滝行が行われてきた修業の場でもある

年齢を理由に
保守的になって
いる人へ

70代から、ファンを作る人生

和歌山編

近畿地方の最後の場所は、熊野古道《くまのこどう》で有名な那智勝浦《なちかつうら》。車から降りて森の中へ入り、石畳を降りていくと、日本三名瀑であり全国1位といわれる落差133mをほこる那智の滝が見えてきた。前日に雨が降っていたのもあり、近くまで行くと滝の水しぶきが風に乗ってふわっと飛んでくるほどだった。次の日、那智勝浦観光機構で広報を担当している塩地さんに案内していただき、熊野古道に繋がる石畳を、ネイル道具を担いで大門坂《だいもんざか》茶屋にお伺いしました。

90代になっても日々勉強

「大門坂茶屋は何年ぐらいやられているんですか？」

お話を聞いた人

大門坂茶屋女将、若女将さん
那智勝浦観光機構 塩地さん

大門坂茶屋の2人は観光客向けの貸衣装店を運営。塩地さんは他業界と連携し観光地域づくりの活動をおこなっています

「奈良は歴史を知らないと楽しめないんじゃないかと言われますが、そんなこともなくて。デザインに興味がある人であれば正倉院文様から入ることだってあるし、食べ物にフォーカスしても良いし。なんでもそうだと思うんですよね」

ネイルが終わってから生駒さんが運営するカフェ「ことのまあかり」で、奈良時代に食べられていたお菓子である〝蘇《そ》〟をご馳走になった。ミルクを煮詰めてできたその味はまろやかで、口に入れるとほんのり甘くてチーズのよう。

自分がなにに惹かれるのか、普段は眠っている感性を蘇らせる必要がありそうだ。

WORK

自分の興味の切り口は
どこから始まっているのか考えてみよう